Manuela Gellner

„Kommunikation die Generationen verbindet"

AF191595

Manuela Gellner

KOMMUNIKATION DIE GENERATIONEN VERBINDET

Bibliografische Information der Deutschen Nationalbibliothek: Die Deutsche Nationalbibliothek verzeich-
net diese Publikation in der Deutschen Nationalbi-
bliografie; detaillierte bibliografische Daten sind im
Internet über dnb.dnb.de abrufbar.

Illustrationen: Martina Hillemann

Verlag: BoD · Books on Demand GmbH, In de Tarpen
42, 22848 Norderstedt
Druck: Libri Plureos GmbH, Friedensallee 273.
22763 Hamburg

ISBN 978-3-7693-1213-3

Inhaltsverzeichnis

Vorwort des Kindes

Liebe Mama, lieber Papa!

Danke, dass ihr unsere Verabredung eingehalten habt. Ja, wir drei haben eine Verabredung getroffen. Das könnt ihr bestimmt kaum glauben. Es gab eine Zeit vor meiner Geburt, irgendwo im Nirgendwo, in der sich unsere Seelen schon begegnet sind. Kann sein, dass ihr vielleicht gar nicht daran glaubt, dass wir Menschen eine Seele haben – und auch die Tiere, ja sogar die Pflanzen.

Duncan MacDougall (1866-1920), ein amerikanischer Arzt, versuchte im frühen 20. Jahrhundert das "Gewicht der Seele" durch das Wiegen sterbender Patienten zu bestimmen. Seine Erkenntnis war, dass sie 21 Gramm wiegt. Es ist für mich in Ordnung, wenn ihr nicht daran glaubt.

Doch vielleicht glaubt ihr daran, dass wir alle eine Seele haben und habt sogar schon Erfahrungen damit gemacht. Ihr habt sicher gespürt, wie sie mit eurem Sein und Leben verbunden ist. Wie auch immer – mir ist wichtig, euch zu erklären, was der Grund dafür ist, dass ich euch meine Gefühle, Gedanken, mein Wissen und meine Weisheit mitteilen möchte. Unsere Seelen haben sich verabredet, weil wir miteinander und aneinander wachsen wollen; voneinander lernen, die reine, bedingungslose Liebe immer wieder neu entdecken und erfühlen. Was ist die reine Liebe und was ist die Brauchliebe?

Wir können uns jeden Tag neu entscheiden, welchen Weg wir gemeinsam beschreiten wollen. Den Weg, den wir schon kennen, der sich holprig und schwer anfühlt oder einen unbekannten Neuen in Leichtigkeit und Freude? Seid ihr bereit, mit mir Neues auszuprobieren, um die Gefühle der wirklichen Freude, Liebe und des Respekts aus dem Herzen heraus mehr und mehr in den Alltag zu integrieren?

Wir als Menschen haben keinen Schalter für die reine Liebe, auf dem On oder Off steht. Genau aus diesem Grund sind wir uns begegnet, um diese wunderbaren und wundervollen Gefühle zu spüren und zu leben. Deshalb bin ich hier bei euch, um ebendiesen Schalter zu bedienen. Denn unsere Herzen gehen manchmal ganz weit auf und sind übervoll mit Liebe.

Dann erlebe ich genau wie du Situationen, da mache ich mein Herz zu, um die Verletzung nicht zu spüren, die ich von außen wahrnehme. Doch es hat niemand „Schuld" daran! Genau deshalb sind wir für dieses Leben verabredet: um voneinander zu lernen und zu erkennen, wer wir wirklich sind, tief in unseren Herzen der reinen Liebe. Ich schreibe alles auf, damit wir uns besser kennenlernen dürfen. Mir ist wichtig, dass ihr meine Dankbarkeit durch die Worte in diesem Buch spürt und diese in euren Herzen Wärme entstehen lässt. Eure Seelen kennen unsere Verabredung und wissen genau, dass meine Worte frei sind von Bewertung und ganz bestimmt auch von Schuldzuweisungen.

Der einzige Grund, diese Zeilen zu schreiben, besteht darin, uns im Herzen zu begegnen mit allem, was wir sind und unser Handeln im Alltag bewusst zu erkennen. Ich möchte euch mit meinen Worten einladen, über den Tellerrand hinauszuschauen, hinter die äußeren Masken, die für jeden sichtbar sind. Ich glaube daran, dass es mehr zwischen Himmel und Erde gibt, was manches Mal unsere Vorstellungskraft übersteigt.

In der Verabredung unserer Seelen liegt ein unschätzbarer Wert, weil wir uns in der reinen bedingungslosen Liebe begegnen und auf eine lehrreiche Lebensreise einlassen. Ich darf Erfahrungen mit euch machen, die sich meine Seele ausgesucht hat, und ihr dürft die Erfahrungen eurer Seele mit mir machen.

Schade ist nur, dass wir das vergessen haben. Mit unserem freien Willen dürfen wir uns immer wieder daran erinnern und für diesen Weg entscheiden. Ich finde, mit diesem Wissen und dieser Weisheit ist es leichter, miteinander und aneinander zu wachsen. Unsere Verbindung ist geknüpft mit dem Band der bedingungslosen Liebe. Das ist die Sicht und Ausdrucksweise meines Herzens und ich möchte euch einladen, euch die Welt mit meinen Augen anzusehen.

Danke, dass ihr bereit seid, dieses Buch in den Händen zu halten. Für alles andere, was geschehen mag, vertraue ich der einen bedingungslosen Liebe in dir und mir. Danke von Herzen, dass ich bei euch sein kann, somit kann sich meine Seele entfalten und Flügel bekommen. Das wünsche ich euch auch! Ich freue mich auf unsere Herzbegegnung Seite für Seite, Wort für Wort, Buchstabe für Buchstabe.

In tiefer, reiner Liebe

dein Kind.

Einleitung

Halten Sie dieses Buch „rein zufällig" in Ihren Händen, weil es Ihnen jemand geschenkt hat? Oder war es eine Empfehlung Ihrer besten Freundin? Wie auch immer, Ihr Kind möchte Sie auf den folgenden Seiten durch den Familienalltag begleiten. Und das ist das Besondere an diesem Buch: Hier kommt das Kind zu Wort! Es spricht wertschätzend und liebevoll die Herzsprache, um auch Sie in Ihrem Herzen zu erreichen. Ein Zitat von J. W. von Goethe bringt es auf den Punkt:

**„Es muss von Herzen kommen,
was auf Herzen wirken soll."**

Das Kind lädt Sie ein, sich in Respekt und reiner Liebe auf Augenhöhe zu begegnen, frei von Bewertungen und Schuldzuweisungen. Das Ziel der Reise ist die Familien-Insel, wo Geborgenheit und Sicherheit das Band der Familie in gegenseitigem Verständnis stärken. Mit den „Werkzeugen" der wertschätzenden Kommunikation (We:komm) sowie dem Wissen, wie eine respektvolle, die jeweiligen Gefühle und Bedürfnisse achtende Bindung zwischen Eltern und Kind gelingen kann, ist es möglich, den Familienalltag entspannter zu erleben.

Inspirierend und gleichzeitig herausfordernd, stellt das Kind sich als Spiegel der Eltern und Bezugspersonen dar. Der Spiegel zeigt Ihnen aber auch das Kind aus Ihrer

Vergangenheit, das Sie einmal waren – ihr eigenes „inneres Kind". Dieses „innere Kind" nimmt Sie ebenfalls mit auf die Reise zur FamilienInsel. Mit der Unterstützung von mir, Manuela Gellner geb. Klinger, einer Expertin auf dem Gebiet der We:Komm und echten Bindung, erfahren Sie in lösungsorientierten Beispielen, wie es möglich ist miteinander und aneinander zu wachsen. Ich sitze als Mutter und Oma mit in Ihrem Boot und kann bezeugen, dass es sich lohnt, neue Wege zu gehen.

„Die FamilienInsel ist mein Rückzugsort, frei von Bewertungen und Projektion. Hier fühle ich mich respektvoll und wertschätzend behandelt."

Ich erlebte am eigenen Leib, dass es nie zu spät ist, unschöne und blockierende Erziehungsmethoden sich selbst und dem Kind gegenüber zu verändern.

Für das bessere Verständnis der Begrifflichkeit empfehle ich Ihnen das Buch einmal komplett durchzulesen. Die wichtigsten Begriffe finden Sie im Inhaltsverzeichnis als eigenes Kapitel, z.B. Ich-Zustände. Mit geringem Zeitaufwand kann das Buch Ihr täglicher Begleiter werden. Stellen Sie eine Frage zur aktuellen Situation und schlagen Sie intuitiv eine Seite auf. Dort finden Sie den Bezugsrahmen für Ihre Antwort. Das glauben Sie nicht? Probieren Sie es aus! Es kann sein, dass das Ergebnis Sie völlig überrascht.

Ein Beispiel: Sie fühlen sich hilflos, weil Sie zum gefühlt hundertsten Mal Ihrem Kind erklärt haben, dass es einen bestimmten Gegenstand an seinem Platz stehen lassen soll. Sie schließen die Augen, nehmen das Buch in die Hand und stellen innerlich die Frage, zum Beispiel: „Ich fühle mich hilflos. Was kann ich tun?" Dann schlagen Sie intuitiv ein Kapitel auf, dadurch kann sich das Thema auf Ihre Frage eröffnen. Reflektieren Sie, was das Kapitel Ihnen zeigen könnte. Es bietet Ihnen eine Möglichkeit, sich auf neue Gedanken und Sichtweisen einzulassen. Spüren Sie in sich hinein, fühlen Sie, was Ihnen Ihr Herz dazu sagt!

Mit diesem Buch möchte ich der Sichtweise eines Kindes Ausdruck verleihen, gepaart mit dem Wissen von mir als Expertin und meinen Erfahrungen. Am Ende des Tages ist es, wie es schon Sokrates sagte: „Ich weiß, dass ich nichts weiß." Ihr Herz entscheidet, was es wissen und annehmen will.

Viel Freude dabei!

1. FamilienInsel

Du fragst dich bestimmt, was und wo die FamilienInsel ist. Ich möchte versuchen, dir zu erklären, was ich damit meine. Diese Insel ist ein Ort, der unabhängig davon existiert, wo wir uns räumlich aufhalten. Dort erfüllt und trägt uns ein Gefühl von Geborgenheit und Sicherheit, das nur selten zu finden ist. Wir begegnen uns mit dem Herzen, in einer geschützten und vertrauensvollen Atmosphäre, frei von Bedingungen.

Hier darf ich sein, wie ich bin, mich uneingeschränkt angenommen fühlen und Frieden spüren. Immer, wirklich immer, wenn wir uns im Herzen begegnen, berühren und erleben können, sind wir auf der FamilienInsel. Hier schöpfen wir die Kraft der Nähe, Gleichheit, Zugehörigkeit, Wertschätzung, Liebe und des Vertrauens in einer wunderbaren Bindungstiefe.

Und egal, was geschieht, ob es stürmt, regnet, Bäume entwurzelt werden, eine Dürreperiode kommt oder sonstige Katastrophen drohen, wir haben gemeinsam die Kraft, das alles zu durchleben. Ja, selbst wenn uns Piraten überfallen, spüren wir tief in unserem Herzen, dass wir miteinander verbunden sind. Es gibt viele Familien, die diese Insel weder kennen noch je etwas davon gehört haben und es nicht schaffen, sie zu erreichen. Du möchtest wissen, was ihnen fehlt?

Es sind unterschiedliche Gefühle, die sie vor dem Eintreffen auf der Insel wieder ins Meer der Bewertungen zurückziehen wie eine große Welle.

Sie lassen sich leiten von Angst, die sich in vielen Gestalten zeigt. Angst vor der Liebe, Angst vor Verletzung, Angst, die Existenz zu verlieren, Angst, hilflos zu sein, Angst, keine Macht mehr zu haben, Angst, die Kontrolle zu verlieren und noch viele andere Ängste. Aus dieser Angst heraus bewerten sich die Familienmitglieder oft gegenseitig in ungehörigem Umfang. Da ist die Mutter sauer auf den Vater, weil er nicht genug am Familienleben teilnimmt. Er hat vielleicht Angst seine Männlichkeit zu verlieren; das hat er schon von seinem Vater und dessen Vater, seinem Großvater, gelernt, gesehen und gespürt. Er weiß vielleicht gar nicht, wie es sein kann, Mann und Vater zu sein, Gefühle zu zeigen und zu leben. Ja, sie gar auch noch zu kommunizieren.

Da ist sie wieder, die Kommunikation. Ich brauche dich, Papa, ganz besonders, wenn ich ein Junge bin. Ja, eventuell wirst du das kaum verstehen, doch eine Welt, die von Männern beherrscht wird, ist genauso fatal wie eine Welt, die von Frauen dominiert wird. Für mich kann es ganz einfach sein: Ich sehe euch beide mit euren wunderbaren Stärken und auch mit euren Schwächen.

Was ist denn euer Ziel in diesem Gefüge? Ich erlebe fast täglich, dass ihr miteinander kämpft. Doch für was? Geht es darum, wer der Bessere, Intelligentere, Perfektere, Liebenswürdigere, Fleißigere ist? Was hält euch davon ab, den anderen mit Respekt anzusehen, ihm entgegenzugehen und euch auch mal in die alten Schuhe eurer Kindheit zu stellen? Aus MitGefühl und Verständnis heraus deine eigene Verletzung zu erkennen ?

Manuela sagt dazu:

Auch im 21. Jahrhundert habe ich manchmal das Gefühl, dass die Rolle von Mann und Frau beziehungsweise die Vater- und Mutterrolle noch nicht ihre wahre und gleichwertige Position gefunden hat. Ein Kind liebt seine Eltern ganz bestimmt nicht je nachdem, wer der Machtvollere ist. Um eine gesunde emotionale Entwicklung zu genießen, braucht das Kind das Modell (‚Lernen am Modell‘ abgeleitet von der sozialkognitiven Lerntheorie von Albert Bandura, kanadischer Psychologe, geb. 1925) von gleichwertigen Partnern auf Augenhöhe. Es möchte nicht bewerten und schon gar nicht entscheiden müssen, wer der Bessere von beiden ist.

„Das Meer der Bewertung.“

Sollten Sie beobachten, dass Ihr Kind sich mehr zu dem einen oder dem anderen Elternteil hingezogen fühlt, fragen Sie sich, wie es dazu gekommen ist. Endet Ihre Haltung Ihrem Partner gegenüber oft in Abwertung, sodass das Kind sich dem Elternteil anschließt, welcher vermeintlich der „schwächere" ist, das Opfer. Das Kind orientiert sich an den Erwachsenen, weil es am Modell lernt und Bindung sucht.

Ich glaube, wenn wir Eltern ganz ehrlich zu uns sind, und ich schließe mich da nicht aus, kämpfen wir mit unseren Partnern immer noch um die Liebe und den Respekt, die uns in der Kindheit von unseren Eltern gefehlt haben. Selbstverständlich wollen wir nur das Beste für unser Kind. Und vielleicht sagen Sie auch, dass dies das alltägliche Leben ist und das Kind so für die Zukunft gestärkt wird. Ja, das kann ich verstehen. So ganz abwegig ist es nicht.

Doch das Leben ist und bringt Veränderung mit sich. Vielleicht sind Sie neugierig auf die jüngsten Erkenntnisse in Bezug auf die kindliche Entwicklung? Seit vielen Jahren beobachte ich, dass in der „Erziehung" neuen Ansätzen, wie man den Kindern auf einer Augenhöhe begegnen kann, zu wenig Aufmerksamkeit geschenkt wird. Ich denke an den „Neufeld-Ansatz" des renommierten kanadischen Bindungsforschers Prof. Dr. Gordon Neufeld.

Seine Ausführungen zum Bindungsaufbau zwischen Eltern und Kind eröffneten mir eine neue Perspektive. Mit Hilfe dieser Sicht auf die Kinder erlangte ich ein größe-

Unsere physischen Kinder zeigen uns, wie in einem
Spiegel, unsere eigenen unbewussten, nicht gelebten
Anteile, auch das Innere Kind genannt.

res Verständnis für ihre soziale und individuelle Entwicklung. Ebenso geben mir der Neurobiologe Gerald Hüther
und der Kinder- und Jugendpsychiater Prof. Dr. Schulte-
Markwort neue Impulse, die mir aus dem Herzen sprechen.

Doch wo bleibt die Umsetzung? Meiner Meinung nach ist
vieles davon weder in der Familienpolitik angekommen
noch im Kindergarten, der Kinderkrippe oder Schule.
Warum nur? Ich habe keine Antwort darauf und sage nur
so viel, dass jeder Einzelne eigenverantwortlich neue
Wege beschreiten kann. Vielleicht ist dieses Buch ein
kleiner Wegweiser dafür.

Ich kann mir gut vorstellen, dass manche Eltern intuitiv

den Wunsch verspüren, das Miteinander in der Familie zu verändern. Sie suchen nach einem Werkzeug, das den Alltag weniger anstrengend und aufreibend werden lässt. Die FamilienInsel könnte der Ort sein, an dem Sie finden, was Sie suchen: Gehen Sie mit Ihrem Kind in Gedanken auf die FamilienInsel und schauen Sie in den Spiegel, den Ihnen Ihr Kind vorhält. Sie werden sich darin erkennen. Zeigt es Ihre Wut oder ein anderes Gefühl, das Sie schon lange verdrängt haben? Reflektieren Sie Ihre Beziehung in der Partnerschaft. Um was kämpfen Sie? Befinden Sie sich miteinander im Drama-Dreieck? Im Spiegel Ihres Kindes entdecken Sie auch dessen Wahrnehmung vom Status der „Harmonie" in der Familie. Leben Sie immer noch das alte Klischee von „Mann schweigt", „Frau redet zu viel" oder auch umgekehrt? Sind Sie in den gleichen Rollenbildern gefangen wie schon Ihre Eltern? Zu sehen, wie ihr Kind vor den gleichen Hürden scheut wie Sie, ist bestimmt nicht Ihr Ziel. Die großen Antriebsfedern für meine persönliche Entwicklung waren zum einen meine Eltern, die beide früh verstorben sind. Ich wusste, dass ich am Ende meines Lebens sagen wollte: „Ich habe mich gelebt!"

Das konnten sie aufgrund ihrer Biografie nicht; sie wurden gelebt - durch Krieg, Erziehung zum Gehorsam, und Ressentiments, die Gesellschaft. Des Weiteren erkannte ich auf dem Weg zu mir selbst, dass ich mein verletztes inneres Kind im Spiegel meines schon erwachsenen Sohnes sah. Ich wusste, dass ich durch das Erkennen und Auflösen meiner Blockaden und Überlebensmuster diese Last auch automatisch von ihm nehme. Heute kann ich *wirklich bezeugen, dass es funktioniert.*

Doch bitte werden Sie nicht zum Retter ihrer Kinder, indem Sie unter Missachtung der Eigenverantwortung deren persönliche Entwicklung forcieren. Denn auch mit vierzehn Jahren kann ein Jugendlicher selbst entscheiden, ob er/sie eine andere Methode der Kommunikation kennenlernen möchte.
Eine Klientin von mir, alleinerziehend, hat das sehr gut gemacht: Sie hat sich ihre eigenen „Baustellen" angesehen, auch wenn es kein Spaziergang war. Aufgrund ihrer Entwicklung konnte ihr Sohn die Erfahrung machen, dass es Lösungen für eingefahrenes Verhalten gibt. Er war mit vierzehn Jahren schon aufgeschlossen dafür, sich sein eigenes verletztes inneres Kind anzuschauen.

Ich finde es wichtig, dass die Eltern aus dem alten Kampf heraus gehen, dass Väter Gefühle zeigen, ihren Söhnen das Männerbild vermitteln, das mehr zu bieten hat als die gesellschaftliche Rolle hergibt. Das Buch „Männerherz" von Richard Schneebauer bringt es auf den Punkt, und nicht nur in Bezug auf Männer.

‚Lieber Vater, sprich aus deinem Herzen heraus mit deinem Kind, sag ihm, dass Weinen okay ist, dass Gefühle für Männer gesund sind. Sag ihm, dass es dir vielleicht noch schwerfällt, Gefühle zu zeigen, und dass du dankbar dafür bist, sie in ihm erkennen zu können. Probieren geht über Studieren, sagt ein Sprichwort. Was hält dich davon ab, es auszuprobieren? Es kostet nichts, außer vielleicht ein paar Tränen.' Ach ja, zurück zur FamilienInsel.

Was glaubst du, welches Lebensmodell du mir auf meinen Lebensweg mitgibst? Erlebe ich euch respektvoll und wertschätzend im Umgang miteinander, so werde ich das bestimmt in mein Leben integrieren und adaptieren. Vorausgesetzt, wir haben eine gute Bindung zueinander. Zu diesem Thema findet ihr mehr Informationen bei den Bindungsarten. Sicher wird dir langsam klar, dass der Boden der FamilienInsel aus Respekt und Liebe besteht, gedüngt mit Akzeptanz. Das erfordert Eigenverantwortung sich selbst gegenüber und auch wieder Reflexion. Es ist wie beim Schwimmen: Jeder hat die freie Wahl, ob er die Geduld aufbringen will, weiterzuschwimmen, um ans Ufer zu kommen, oder aufzugeben.

In der Realität gibt es die Möglichkeit, sich immer wieder neu zu entscheiden, in welche Richtung du gehen willst:

Den Weg der Liebe auf die FamilienInsel oder den Weg der Angst in die Projektion und Bewertung, die uns trennt.

Familien, die diese Insel kennen oder bereits dort leben, werden respektvoll mit anderen FamilienInseln umgehen und in Frieden leben. Für mich ist unverständlich, warum Menschen sich bekriegen. Es liegt nicht in meiner Natur, höher, schneller, weiter als andere Kinder zu sein. Ich schätze mich gerne ein, möchte auch einschätzen, erleben: Kann ich schon genauso gut und hoch klettern wie mein Freund oder probiere ich eine andere Methode aus, die Bäume zu erobern, wie meine altersgleiche Freundin aus der Nachbarschaft? Das ist für mich kein Kampf, es geschieht frei von Bewertung und nur um mich zu erfahren.

Mit dir an meiner Seite formt sich mein Selbstbild. Ich nehme wahr, ob du mich in den Vergleich zu anderen Kindern stellst oder mich schätzt und liebst, mit allen Stärken und Schwächen. Schätzt du meinen Mut, dass ich überhaupt versuche zu klettern? Sieh mich in meinem Sein, in meinem Tempo der Entwicklung, und du wirst auch dich sehen, wie es dir als Kind erging, wie du bewertest, verglichen, gelobt oder vielleicht sogar bestraft wurdest.

Ist dein Leben bis heute von Leistung geprägt, nur weil es dir so vorgelebt wurde? Hat dir jemand gesagt, dass du deine eigene Meinung, deine eigene Zeit haben darfst? Ich weiß, das war schon immer so. Doch deshalb muss es nicht so bleiben. Hast du jemals darüber nachgedacht, warum es immer noch so viele Kriege auf der Welt gibt? Bist du nicht auch meiner Meinung, dass es anders sein könnte?

Kannst du dir vorstellen, dass Kinder, hauptsächlich Kleinkinder, sich gegenseitig töten würden? Hast du etwas in der Art schon einmal gehört oder gelesen? Wir Kinder kommen in Frieden zu euch in die Familie, um mit euch auf die FamilienInsel zu gehen. Bisher haben wir noch nicht die gleiche Sprache gefunden, um uns miteinander zu verständigen. Ich bin guter Dinge und weiß ganz genau, dass die Herzsprache, Respekt und das Verständnis füreinander ein Werkzeug für unsere FamilienInsel ist. Du entscheidest: Besitzt du die Geduld und die Offenheit dafür? Ich bin bereit und zeige dir das jeden neuen Tag mit der grenzenlosen Liebe, die ich ausstrahle. Möglich, dass es deinerseits Zeit braucht, um dieses Strahlen zu sehen und zu spüren. Danke, dass du auch diese Worte gelesen hast!

Ich kann mir vorstellen, dass dir meine „Nein-sagen-Phase" auf die Nerven geht. Du wirst es kaum glauben, doch das Nein hat sogar auf der FamilienInsel seine Berechtigung. Für mich ist es ein ganz wichtiger Entwicklungsprozess, um Abgrenzung zu erspüren und zu lernen. Hier prägt mich auch, wie viel Respekt mir gegenüber aufgebracht wird. Sicher wunderst du dich oft genug darüber, dass ich nicht reagiere oder höre, was du sagst. Bitte glaub mir, ich tue es ganz bestimmt nicht, um dich zu ärgern! Du hast das Gefühl, ich mache ein Spiel daraus. Ja, da hast du recht – ich habe es mir bei euch Erwachsenen abgeschaut. Doch das kann ich dir nicht erklären, dabei hilft mir Manuela:

Nähe und Distanz sind ein großes Thema, welches uns ein Leben lang begleitet. Vor ein paar Jahren erzählte mir jemand eine Metapher, die, wie ich finde, dieses Thema verdeutlicht.

Stellen wir uns vor, unsere Persönlichkeit, unsere Seele, ist wie ein Haus mit einem schönen Garten darum herum und einem schmückenden Zaun. Dieser Zaun hat ein Tor mit einer Klingel. Wir selbst bewohnen das Haus und wer uns besucht, steht vor dem Tor und kann klingeln. Nun kann jeder entscheiden, wie weit er den Besucher eintreten lässt: durch das Tor in den Garten, bis zur Haustür oder sogar ins Innere des Hauses.

In dieser Metapher wird deutlich, dass wir selbstbestimmt

sind in Bezug auf die Grenzen, die wir setzen. Die „kleine Persönlichkeit" Baby oder Kleinkind hat eine ganz gesunde Abgrenzung gegenüber Menschen, die es nicht kennt oder die ihm nicht „geheuer" vorkommen. In diesem Zusammenhang ist mir aufgefallen, wie unbedarft Babys fotografiert werden. Erst, als mein Enkel etwa zwei Jahre alt war und sich mit einem klaren „Nein" wegdrehte, sobald ich ihn fotografieren wollte, wurde mir bewusst, dass es nicht selbstverständlich ist, Bilder von einem Kleinkind zu machen. Im Gegenteil, es ist gut und wichtig, dass Bilder von Kindern aus öffentlichen Einrichtungen durch Einverständniserklärungen geschützt werden.

Seien auch Sie achtsam, wenn Sie Ihre Liebsten im Internet zeigen. Reflektieren Sie, an welcher Stelle Sie den imaginären Besucher haben wollen: vor oder in Ihrem Seelenhaus. Auch wenn Ihr Kind noch nicht sprechen kann, geben Sie ihm durch Ihre Bewusstheit Worte! Ich bin fest davon überzeugt, dass auch schon ein Säugling oder Kleinkind ein gesundes Gefühl dafür hat, welche Person ihm guttut und wann es sich unwohl fühlt oder seine Grenzen überschritten werden.

Mit Achtsamkeit, Respekt und Beobachtung schenken Sie Ihrem Kind die Möglichkeit der Abgrenzung durch das Nein. Erfährt es bereits in der frühen Kindheit, dass es Nein sagen darf, seine Abgrenzung ernst genommen wird, hat es auch als Erwachsener kein Problem damit, für sich selbst zu sorgen. Wie viele von uns tun sich im erwachsenen Leben schwer damit, Nein zu sagen? Eine gesunde und realistische Grenze in Situationen, die Sie an den Rand der Erschöpfung bringen, kann Sie vor einem Burnout retten.

Ich glaube auch, wer gelernt hat, sich selbst zu respektieren und seine eigenen Grenzen spürt, kann auch in einer Beziehung besser damit umgehen, wenn das Gegenüber Nein sagt. Wer seine eigenen Bedürfnisse anerkannt und akzeptiert habt, kennt das Gefühl, wenn alles zu viel wird. Wichtig finde ich bei diesem Thema wieder einmal das miteinander Reden. Das Nein erklären, frei von Rechtfertigungen, denn Sie dürfen selbst und eigenverantwortlich bestimmen, wie weit Sie Ihren Besucher in Ihr Seelen-Haus lassen.

Wertvolle Momente, bestehend aus Ehrlichkeit, Wahrheit, Liebe und Respekt, erfahre ich auf der Familieninsel durch die Begegnung auf der Herzebene. Dies gießt ein Fundament für meine zukünftige Persönlichkeit, das mich durch mein Leben trägt. Dazu gehören auch weitere Familienmitglieder. Bist du sicher, dass ich Opa und Oma nicht kennenlernen möchte, nur weil sie für dich zu anstrengend sind oder zu weit weg wohnen (Nichte(n) und Weitere, die bucklige Verwandtschaft)? Glaubst du, dass es mir wichtig ist, schon mit zwei Jahren ein Geschwisterchen an meiner Seite zu haben und eure Liebe zu teilen? Hast du eine Ahnung, von welchem Thron ich fallen muss? Was würdest du sagen, wenn Papa oder Mama einen anderen Partner mit nach Hause bringen würde, nur weil eure Liebe so gut funktioniert (das meine ich ironisch)? Ja, für euch Erwachsene unmöglich vorstellbar, doch so geht es mir, wenn ich noch so viel Unterstützung von euch brauche.

Manuela sagt dazu:

Bei den Begriffen „Familienfeier" oder „Verwandtschaft" winkt so mancher abschätzig ab. Das Zusammensein fühlt sich oft schwierig und anstrengend an. Das kann daran liegen, dass unausgesprochene Themen wie eine heiße Glut im fast erloschenen Feuer vor sich hin schwelen. Über Jahre haben sie sich zu unüberwindbaren Hürden aufgebaut und kaum jemand hat den Mut, sie anzusprechen. Manchmal wird sogar der Kontakt abgebrochen. Ich will das auch nicht bewerten, denn es sind Lebenssituationen, in denen der Rückzug notwendig ist, um aus alten Verhaltensmustern auszusteigen, damit die Not sich wenden kann. Zur eigenen Reflexion möchte ich folgende Beispiele und Anregungen aufzeigen:

Sie haben vielleicht schon seit Jahren einen Erbstreit mit Ihren Eltern. Sämtliche Feiertage und Geburtstage werden ignoriert – das heißt, Sie gehen sich aus dem Weg. Es finden keine Besuche statt, nur spärliche Anrufe aus Pflichtgefühl. Solche Spannungen prägen ganze Familiensysteme und werden manchmal sogar von einer Generation in die andere weitergetragen.

Ist Ihnen bewusst, dass Ihr(e) Kind(er) diesen Streit wie eine Last auf ihrem Rücken mittragen? Wahrscheinlich nicht, weil Sie denken, dass es mit den Kindern nichts zu tun hat. Von außen betrachtet ist es auch so, doch Kinder sind sehr feinfühlig und spüren die unausgesprochenen Drama-Dreiecke. Es gibt Kinder, die nehmen solche energetischen Lasten unbewusst in ihren Lebensrucksack auf. Sie wollen ja mit allen Familienmitgliedern auf die FamilienInsel! (Siehe Kapitel Die Familien (Ahnen))

Ich kann mir gut vorstellen, dass Sie in Ihrem Innersten auch nicht glücklich mit der Situation sind. Es kann sein, dass die emotionale Verletzung tiefe Spuren in Ihnen hinterlassen hat. Das ist Ihre Empfindung und die sollte niemand bewerten. Allerdings können Sie Ihrem Kind die Last abnehmen. Es geht dabei wieder einmal um die Kommunikation, darum auszusprechen, was gerade ist. Erklären Sie Ihrem Kind so kindgerecht und neutral wie möglich, warum Sie keinen Kontakt zu Ihren Verwandten wollen. Um die Zugehörigkeit in der Familie zu stärken, ist es wichtig, Ehrlichkeit und Wahrheit dem Kind gegenüber zu leben, denn hier entstehen die Wurzeln seines Lebensbaums.

*Auch wenn das Kind im Kleinkindalter ist, wird es verstehen, was Sie ihm sagen wollen. Sprechen Sie aus Ihrem Herzen, mit allen Gefühlen: „Weißt du, ich habe mich mit dem Opa zerstritten. Wir sind böse aufeinander. Das ist so ähnlich wie bei dir und deinem Freund, wenn er dir die Bauklötze wegnimmt und du wütend bist. So bin ich wütend auf Opa und möchte mich nicht mit ihm treffen. Das alles hat nichts mit dir zu tun. Du bist frei von der Wut oder Schuld. Doch du darfst immer zu deinem Opa und mit ihm spielen. Das ist völlig in Ordnung."
(Sollte natürlich vorher mit der ent- sprechenden Person*

abgesprochen sein.)

Leider gibt es Familienkonstellationen, in denen das Wohl des Kindes gefährdet sein kann, wenn Sie es in die Obhut des Verwandten geben. Selbstverständlich sollten Sie Ihr Kind davor schützen und diese Angst ihm gegenüber aussprechen, wie zum Beispiel: „Ich will nicht, dass du zu XYZ gehst, weil ich Angst habe, dass es dir dort nicht gut geht." Es besteht zudem die Möglichkeit, sich Ihre eigenen Anteile in Bezug auf Ihre Angst anzuschauen. Dies kann mit der Unterstützung der 50/50-Haltung. gelingen.

Ihr inneres Kind klopft über ihr äußeres, reales Kind bei Ihnen an – was spüren Sie? Folgen Sie Ihrem Herzen und Ihrer Intuition auf die FamilienInsel. Was fühlen Sie gerade? Möchten Sie wissen, wie Sie nun weitergehen können? Schließen Sie das Buch und Ihre Augen, und lassen Sie sich mutig darauf ein, was Ihnen die Seite/Worte sagen möchten, die Sie jetzt intuitiv aufschlagen. Ich bin sicher, Sie werden sehr überrascht darüber sein, wie passend dieses Kapitel in Ihre aktuelle Situation passt.

Wie wahr und wahrhaftig unsere Bindung zueinander ist zeigt uns der Alltag. Ich möchte ihn mit dir im Miteinander er- und verleben, mit Herz, Bauch und Verstand. Erkennen lernen, wer jetzt gerade im „Einsatz" ist. Spricht dein Herz zu mir voller Ehrlichkeit, Mitgefühl, Verständnis, Glauben an dich und mich? Ist mein Dasein sinnvoll in eurem Lebensplan? Dass ich euer Kind bin, hat gar nichts damit zu tun, dass ich einfach so dazugehöre, weil sonst etwas in der Familie fehlt. Und ich bin schon gar kein Statussymbol, wie „Mein Haus, mein Auto, mein Kind"! Ich habe schon beobachtet, dass es manchmal so wirkt, als sei ein Kind nur ein Gegenstand.

Ich weiß, es ist hart, wenn ich das so formuliere. Und ganz bestimmt möchte niemand sein Kind aus dieser Perspektive betrachten. Ich bitte dich jedoch, stell dich mal kurz in meine Schuhe (auch wenn ich noch keine trage ☺). Wie würdest du an meiner Stelle empfinden? Kannst du dir vorstellen, wie es sich anfühlt, von Ort zu Ort transportiert zu werden, wie ein Gegenstand? Aus dem Schlaf gerissen zu werden, obwohl ich noch tief und fest in meine Träumen versunken bin oder mich auch in meinem Bettchen wohl und geborgen fühle?

Mein Tagesablauf liegt in deinen Händen. Und glaub mir, es ist für mich wirklich in Ordnung, dass ihr arbeiten geht! Ich will ja schließlich auch nicht im Freien übernachten, sondern ein Dach über dem Kopf haben, genug zu essen, Kleidung und alles, was man so braucht. Mir ist es wichtig, dass ihr aus eurem Herzen heraus mit mir fühlt. Dass ihr mich bei Entscheidungen, die ihr treffen müsst, mit einbezieht. Ich höre euch schon sagen, dass ihr so handelt, weil ihr nur das Allerbeste für mich wollt. Ja, so wird es auch sein. Solange ihr euch mit _mir_ befasst und _mit euch selbst_.

Seid kritisch mit Aussagen, die euch alles versprechen. Besonders die Mütter sind davon betroffen. Vollzeitjob,

Karriere machen, Mutter, Ehefrau, Hausfrau – alles möglich und das bisschen Kindererziehung geht doch nebenbei. Das ist alles zu schaffen, mit ausreichend Betreuungsplätzen, sagt die Gesellschaft. Ist das wirklich so? Was sagt euer Elternherz dazu? Gebt ihr nicht eure Eigenverantwortung an die Politik ab, die Verantwortung für das Gründen der FamilienInsel im Herzen? Damit meine ich nicht, liebe Mama, dass du deinen Beruf nicht ausüben sollst! Ich spüre sehr genau, wenn du zufrieden nach Hause kommst und deinen Bedürfnissen nachgehen konntest. Das macht auch mich zufrieden.

Doch das Gegenteil kommt ebenfalls bei mir an, solltest du nach einem langen, anstrengenden Arbeitstag mich bei der Tagesmutter oder in der Krippe abholen. Deine Überforderung rollt wie eine dunkle Wolke über mich hinweg, obwohl du dich freust, mich zu sehen. Es kann sein, dass dann wiederum ich damit überfordert bin. Mir fehlen die Wahrheit und Klarheit deiner Gefühle, weil ich sie nicht zuordnen kann. Wir hetzen zusammen nach Hause, müssen vielleicht noch Babywindeln für mich einkaufen und kommen dann beide gestresst zu Hause an.

Du von deinen vielen Aufgaben und ich von zu wenig Mama. Unsere gemeinsame Zeit am Abend – bitte jetzt nicht böse sein – redest du dir schön, weil du ja dann nur für mich da bist. Sei mal ehrlich zu dir: Ist das tatsächlich so? Bist du mit deiner vollen Aufmerksamkeit bei mir? Vielleicht hast du noch unausgesprochene, unerledigte Situationen von der Arbeit in deinem Kopf oder denkst darüber nach, wie du auch für dich allein mal eine Auszeit organisieren kannst. Und wann sollst du noch den Großeinkauf machen, Wäsche waschen? Das alles bleibt mir nicht verborgen. Das Spielen mit dir ist in ein Zeitgefüge gepackt. Es gehört dahin, soll funktionieren, damit die Familie funktioniert, am besten reibungslos. Das ist aber nicht mein Job! :-)

Mein Job ist es, euch im Herzen zu berühren, um euch auf die FamilienInsel einzuladen. Jeden neuen Tag, jede neue Nacht wieder. Euch mit meinem Sein an euer Sein, eure eigene Wirklichkeit zu erinnern. Ich weiß, dass du diese FamilienInsel auch im Herzen trägst. Hast du jemals gelernt und gefühlt, wie diese Insel zu erreichen ist? Dort begegnen wir uns alle in bedingungsloser Liebe. Die Lebensstürme, die auch die FamilienInsel nicht verschonen, möchte ich gerne mit euch zusammen erfahren. Ich will daran wachsen und mich nicht als Beiwerk fühlen.

Damit meine ich, dass ich sehr wohl wahrnehme, dass ihr im Alltag manchmal mit schwierigen Ereignissen kämpft. Ich weiß, ihr wollt mich vor der Schwere des Lebens verschonen, von den Eltern angefangen bis zu Großeltern und Verwandten. Und doch fühle ich eure Angst und Überforderung. Sei es die plötzliche Arbeitslosigkeit von Papa oder die ungeahnte schwere Krankheit von Mama. Der Tod von geliebten Menschen bringt euch in Trauer, Verzweiflung, Depression. Ereignisse wie diese stürmen wie aus dem Nichts auf euch ein und ich verstehe sehr gut, dass ihr selbst erstmal mit der neuen Situation klarkommen müsst.

Ich bin mir auch sehr sicher, dass ihr mich vor dem „Unheil" schützen wollt. Ihr versucht, die Stürme des Lebens aufzuhalten, um mich nicht in diesen Strudel mit hineinzuziehen. So oder ähnlich könnte eure Wirklichkeit sein. Doch meine ist etwas anders. Mein emotionales Herz ist in den ersten Lebensjahren weit geöffnet und ich spüre eure Sorgen und Nöte, auch wenn sie nicht ausgesprochen werden. Das könnt ihr euch so vorstellen, als würde durch den Verlust der Arbeitsstelle die Existenzangst wie eine unsichtbare Person einen Platz in unserer Familie einnehmen. Sie ist ständig zugegen, nimmt unausgesprochen teil an unserem Leben.

Ich spüre diese Veränderung, fühle sie auch, und dass ihr mich schützen wollt. Tatsache ist, dass ich vielleicht auf meine Fragen keine ehrliche Antwort von euch bekomme. Sicher ist, ihr meint es ja gut mit mir. Doch an jedem neuen Tag fühle ich leider das Gegenteil. Es ist nicht gut. Deshalb kämpfe ich mit meinen Gefühlen, weil ich sie nicht zuordnen kann. Ja, es fehlt gerade die Ordnung in unserer Familie. Und ich meine nicht die äußerliche Ordnung – es ist die energetische Ordnung in jedem von uns. Du wirst nun sicher fragen: „Ja, und was soll ich da tun?"

Es geht wieder einmal um die Kommunikation zwischen dir und mir. Es hilft mir sehr, wenn in diesen Lebenssituationen die unsichtbare Figur, in meinem Beispiel die Existenzangst, einen Namen bekommt. Es ist für mich, als würde sie dadurch sichtbar und deshalb weniger bedrohlich. Mein diffuses Gefühl, welches ich nicht benennen kann, bekommt Konturen und Inhalt. Außerdem fühle ich mich auf diese Weise in der Familie respektiert und mit meinen Fragen und Gefühlen wertgeschätzt.

Du kannst es mir mit wenigen Worten kindgerecht erklären, das stärkt mein Selbstvertrauen. Ich erfahre, dass ich meinen Gefühlen trauen kann. Mit und durch euch lerne ich, dass die Erwachsenen den Lebenssturm durchschreiten, beobachte, wie sie nach Lösungen suchen und sie finden; manche Dinge auch annehmen, wie sie sind. Und ganz bestimmt geht es uns allen mit dieser Ehrlichkeit besser. Wir müssen auch nicht mehr miteinander kämpfen – ich mit meinen diffusen Gefühlen und ihr mit dem Verbergen der Tatsachen und euren Emotionen.

Mir würde es schon helfen, wenn ihr zu diesem Thema sagt: „Weißt du, Papa hat gerade seine Arbeit verloren und das hat nichts mit dir zu tun. Das macht uns traurig und wir haben Angst davor, dass wir weniger Geld haben. Papa ist jetzt mehr zu Hause und hat Zeit, mit dir zu spielen. Wir glauben daran, dass er bald eine neue Arbeit bekommt. Papa und ich übernehmen die Verantwortung dafür." Es kann sein, dass ich den Ernst der Lage aufgrund meines Alters nicht so gut einschätzen kann. Vielleicht habe ich Papas Büro oder Arbeitsplatz auch noch nie zu Gesicht bekommen. Doch eines ist sicher: Die unsichtbare Person in unserer Familie verliert ihre bedrohliche Wirkung durch die Ehrlichkeit und Offenheit in unserer Familie. Selbstverständlich befinden wir uns dann auch auf unserer FamilienInsel, erinnert ihr euch noch? Die Begegnung unserer Herzen in bedingungsloser Liebe trägt uns gemeinsam durch den Sturm.

Die Äste des Familienstammbaums biegen sich zwar, doch mit dieser Liebe wird der Baum verwurzelt bleiben und unbeschädigt neue Früchte tragen. Die Kraft der Wahrheit und Klarheit bringt uns durch die Stürme des Lebens zu neuer Freude. Ich lade dich ein, die Einfachheit auf der FamilienInsel zu leben, denn sie liegt mir im Blut. Für mich ist alles so einfach und klar im Hier und Jetzt. Ich lebe im Augenblick, für mich stellt sich nicht die Frage, was morgen ist oder was gestern war. Heute, jetzt, in diesem Moment, spüre ich meine Lust auf das Spielen, meine Neugier auf neue Dinge, Gegenstände, Orte, Menschen und die Natur.

Aber du weißt ja schon, dass mein Entwicklungsprofessor danach sucht. Ich habe auch schon öfter davon gesprochen, dass ich nicht nur meinetwegen auf dieser Welt bin, sondern euch mit meiner bedingungslosen Liebe ein Verhalten zeige, welches ihr schon kennt und aufgrund dessen in euren eigenen Spiegel schauen lasse. Das ist das Besondere auf der FamilienInsel. Hier könnt ihr euch selbst erkennen, wenn ihr dafür offen seid, mutig und ehrlich zu euch selbst.

Wie das möglich ist? Dein verletztes inneres Kind zeigt sich durch mich. In diesem Buch findest du viele Beispiele dazu. Und nicht zu vergessen, das finde ich ganz wichtig: Du siehst in mir, durch mich, dein freies Kind. Es ist frei und freudig, so friedlich und entspannt, wie du dich vielleicht heute, als erwachsener Mensch, gar nicht mehr kennst und wahrnimmst.

Doch glaub mir, das bist du noch immer. Wartet dein freies inneres Kind schon abholbereit auf dich? Hat es sich vielleicht in deiner Lebensschublade versteckt? Was meinst du dazu? Ich bin sicher, es steht schon in den Startlöchern und wartet nur auf den Tag, an dem du es wieder in die Arme schließt. Es sucht einen Platz in deinem Herzen und will mit dir auf die FamilienInsel kommen!
Ein wichtiger Anteil deiner Selbstliebe kehrt zu dir zurück. Dieser hat sich im Laufe deiner Kindheit möglicherweise von dir entfernt, um emotionale oder körperliche Verletzungen erträglicher zu machen.

Siehst du, ich möchte dir dabei helfen, dich wieder mehr zu lieben. Und das funktioniert am wenigsten, wenn ich „lieb" bin. Doch wenn du dich ganz schrecklich über mich ärgerst, an deine Grenzen kommst und sauer auf mich bist, kannst du in mir vielleicht dein verletztes Kind von damals erkennen. Mehr möchte ich fast gar nicht. Ich möchte dir spiegeln, was du im Laufe deiner Zeit verloren hast: Das Kind, das schreiend und trotzig, rebellisch in der Ecke steht und auf dich wartet. Ich kann mir vorstellen, dass es nicht einfach ist, mir das zu glauben. Schließlich bin ich kein bekannter und angesehener Therapeut, der diese Weisheit durch die Medien jagt.

Ich finde es schön und freue mich sehr, wenn du deine eigenen Erfahrungen mit meiner Weisheit und meinem Wissen machst. Ich schenke sie dir bedingungslos! Probiere es einfach mal aus und du wirst spüren, ob sich etwas verändert zwischen dir und mir. Denn es ist relativ einfach – erkennst du deinen Spiegel in mir, versöhnst du dich mit deinem inneren Kind. Dieser Vorgang erschafft ebenfalls eine Herzbegegnung auf unserer FamilienInsel. Hört sich doch gut an, findest du nicht? Ich erkenne in dieser Möglichkeit das Einfache.

Ich glaube, das Leben ist gar nicht so kompliziert. Wir haben doch wunderbare Werkzeuge, um es zu vereinfachen, zum Beispiel wieder einmal die Kommunikation. Miteinander sprechen, seinen Gefühlen Ausdruck geben in der ICH-Sprache, hilft mir immer und immer wieder. Jeden neuen Tag. Es ist mir so wichtig, dass wir diese Herzsprache miteinander leben können. Für mich ist sie einfach und du kannst sie durch mich erkennen. Es ist dein freier Wille, das zu tun, denn meiner ist sowieso da. Ich will ... du erinnerst dich? Der Wille in Bezug auf seine Entwicklung und Wirklichkeit frei von Projektion ist nicht egoistisch. Und noch etwas fällt mir so zu: deine Offenheit mir gegenüber – und damit meine ich, wenn du dein inneres Kind, ob frei oder unfrei, in meiner Spiegelung erkennst, ersetzt das so manche Stunde beim Therapeuten. Erkenne, reflektiere und probiere es aus. Hab Freude daran und betrachte es als Möglichkeit, den Weg deiner Selbstliebe zu beschreiten und das Wunder in dir selbst zu finden. Dieses Licht in dir berührt jeden einzelnen Menschen, dem du begegnest, und ganz besonders mich! Danke, dass du dich auf diese Zeilen und Worte eingelassen hast. Du bist wundervoll und voller Wunder! Entscheide selbst, ob du sie aufdecken möchtest. Du hast einen freien Willen. :-) Ist doch ganz einfach, findest du nicht?

Ich freue mich sehr, dass du den Anfang gemacht hast, indem du offen für diese Worte von mir gewesen bist. Bestimmt ist es eine Herausforderung für dich, eine neue Perspektive einzunehmen. Deshalb habe ich eine Expertin dazu eingeladen, die mich inzwischen ganz gut kennt und euch mit Anregungen und Beispielen unterstützen kann.

Ich glaube an deinen Entwicklungsprofessor, der sich regt und Lust hat, Neues ausprobieren, Erfahrungen mit Versuch und Irrtum machen möchte, mit ganz individueller Intuition, Wahrheit und Klarheit.

Ich bin auf jeden Fall mit dabei.

Du auch?

2. Deine Wahrheit – meine Wahrheit

Ich möchte dir ein Lächeln aus meinem Herzen schenken, mit strahlenden Augen des Friedens und der Freude. Es ist frei von einer Bedingung oder einer Erwartung an dich, es ist mein Sein, meine Wirklichkeit. Schau genau hin, du wirst es an jedem neuen Tag entdecken. Es ist wie eine Tür zu mir. Meine Herzenstür öffnet sich für dich und lädt dich ein, meiner Liebe zu vertrauen. Ich meine damit kein „Sonnenscheingesicht", das ich manchmal aufsetze, um ein „liebes Kind" zu sein. Das ist nicht authentisch. Es ist eher erlernt, weil ich dich wieder fröhlich sehen möchte oder dich nicht weiter nerven will. Nein, ich meine die Ehrlichkeit der bedingungslosen Liebe, die ich an dich aussende … einfach so. :-)

Ich glaube, dass sie in unserem gemeinsamen Alltag aufgrund von Zeitdruck manchmal untergeht, doch ich möchte dir sagen, dass es für uns beide so wichtig ist, innezuhalten und uns im Herzen zu begegnen. In diesem Augenblick genügt mir ein Lächeln von dir mit deiner ungeteilten Aufmerksamkeit.

Ich spüre dann unsere Herzverbindung und die Liebe, die uns trägt und heilt. Sie gibt uns beiden Kraft, dabei investieren wir nur ein paar Minuten der Achtsamkeit und Wahrnehmung. Das Gefühl des Friedens, das währenddessen entsteht, trägt uns durch den Tag und stärkt unser Vertrauen zueinander. Findest du es nicht auch eigenartig, dass so einer simplen Handlung im Alltag so wenig Bedeutung gegeben wird, wo doch das Ergebnis immens sein kann? Ist es nicht seltsam, dass nur ganz wenige Menschen wissen, was Familien wirklich stärkt und friedlich und harmonisch leben lässt? Wir Kinder werden idealerweise aus der Perspektive des Herzens wahrgenommen und ich frage mich, weshalb das vielen Menschen so schlecht möglich ist.

Ich bin sicher, dass jeder Vater, jede Mutter bereits das Lächeln des eigenen Kindes bemerkt hat und ihr Herz dadurch berührt wurde. Und ich bin sicher, dass ihr gerne mehr davon erleben würdet, genau wie ich. Was hält dich davon ab, es täglich zu tun? Ich tue es sowieso. Es ist in den ersten Lebensjahren meine Natur. Ich öffne buchstäblich meine Herzenstür für dich und freue mich riesig, wenn du das wahrnimmst und meine Einladung annimmst.

Bleibt allerdings diese Einladung zu oft erfolglos, verschließt sich im Laufe der Zeit meine Tür wie von selbst. Vielleicht wunderst du dich dann und fragst dich, wo meine strahlenden Augen geblieben sind. Möglicherweise ist dir nicht einmal bewusst, dass es auch im Alltag so einfach sein kann, sich im Herzen zu verbinden. Das Schöne daran ist, dass wir immer wieder und zu jedem neuen Zeitpunkt des Erkennens damit beginnen können. Wir brauchen keinen Termin dafür, kein Ritual, keine Absprache, kein Geld. Die

Liebe im Herzen frei von allem, weil sie in unbegrenzter Fülle da ist! Im Moment unsere bedingungslose Liebe miteinander ist sie zu spüren, frei von der Erwartung, dass es jeden Tag so sein muss. Nur ein einziger Augenblick dieses Gefühls im Alltag beschenkt uns beide in einer Tiefe, die berührt und verbindet.

Die Zeit ist für mich zeitlos – kannst du dir das vorstellen? Sie bedeutet mir in den ersten Lebensjahren nichts. Ich lebe im Hier und Jetzt und fühle mich nicht an Minuten, Stunden, Tage gebunden. Mein Erleben, Erfahren findet im Augenblick statt. Zum Beispiel dann, wenn ich beim Spazierengehen eine Schnecke sehe und stehen bleibe, weil ich dieses Wunderwerk der Natur neugierig und staunend betrachte. Was ist das für ein komisches Gebilde? Vielleicht sehe ich sie zum ersten Mal. Durch die Beobachtung, das Staunen, Berühren und deine geduldige Unterstützung und Erklärung finde ich meinen Frieden.

Schenk mir Zeit, damit ich die Neugier meines Entwicklungsprofessors nähren kann. Ist er dann satt, können wir weitergehen. Ja, es kann sein, dass so ein Spaziergang viel länger dauert als ohne mich. Doch vielleicht ist es dir möglich, diesen Entwicklungsprofessor von mir mit in deine Zeitplanung einzubeziehen. Du kannst mir ansonsten auch erklären, dass es gerade nicht passt, dass wir zusammen eine Verabredung haben. Sag mir einfach, dass du mich verstehen kannst, dass du verstehst, wie wichtig es mir ist, diese

Schnecke zu bestaunen. Und dass du dir sicher bist, dass wir bald wieder einer Schnecke begegnen. Die Struktur der Zeit, die du mich lehrst, indem wir zu bestimmten Zeiten frühstücken, zu Mittag essen, zu Abend essen, schlafen gehen, also Rituale, geben mir Sicherheit und Halt.

Sie sind wichtig für mich, da sie eine gute Grundlage für mein Erwachsenenleben sind. Ich bitte dich allerdings, meiner Zeitlosigkeit in diesen Lebensjahren mit Verständnis zu begegnen. Du sollst wissen, dass ich dich nicht provozieren oder ärgern möchte, wenn ich im Spielen versunken bin und meine Neugier befriedigen möchte oder Hunger zu Zeiten habe, die nicht in den Essensplan passen.

Meine Entwicklung geschieht aus Impulsen heraus, die frei von Vorgaben sind. Mit deiner Intuition kannst du mich unterstützen, indem du spürst, was ich gerade brauche. Solltest du zum Beispiel beobachten, dass ich beim Händewaschen gerne mit dem Wasser plansche, ist es bestimmt mein Entwicklungsprofessor, der gerne die Erfahrung mit dem Wasser beziehungsweise flüssigen Stoffen machen möchte. Du kannst mir beim Baden in der Badewanne unterstützend Gefäße geben, um das Element Wasser in unterschiedlichen Situationen zu erfahren. Bestimmt bist du kreativ und kannst mir diesbezüglich noch weitere Anreize schaffen. Gleichzeitig meldet sich dein inneres Kind, welches Ideen hat und Lust, mit mir zu spielen. Wieder einmal begegnen wir uns dann von Herz zu Herz, und das ist für mich Liebe!Mir ist schon klar, dass du fest in die Zeit und den Alltag eingebunden bist. Unglaublich schön ist für mich, wenn ich mit dir einen „zeitlosen" Tag – und wenn es auch nur ein Vor- oder Nachmittag ist – verbringen darf! Ich kann mir vorstellen, dass auch dein inneres Kind das manchmal als Befreiung empfindet. Es sind goldene Momente der Zuwendung, die uns beiden Kraft schenken und unserer Beziehung Stabilität geben. Findest du nicht auch, dass es auf diese Weise ganz leicht sein kann, miteinander und aneinander zu wachsen?

Solltest du dich von meinen Anregungen überfordert fühlen, bitte ich dich von Herzen, darüber zu sprechen, mit deiner Freundin, deinem Mann und auch mit deinem verletzten inneren Kind. Möglicherweise ist die gefühlte Überforderung verbunden mit einer Versagensangst, die schon fast so alt ist wie du. Kennst du dieses Gefühl aus einer Erfahrung, die du als Kind gemacht hast? Was immer es auch ist, welche Ursache auch dahintersteckt, glaube mir, dein Mut zur Reflexion hilft dir und mir.

Sicher ist dir schon aufgefallen, dass sich manche meiner Aussagen wiederholen. Ja, das ist so! Die Reflexion ist der Kern, der uns in die Herzverbindung bringt. Viel, viel zu lange wurde an uns Kindern „herumgebastelt" wie mit Ton auf einer Töpferscheibe, anhand ganz unterschiedlicher Erziehungskonzepte. Ihr vertraut darauf, was Statistiken, Wissenschaft und Erziehungsmodelle sagen. Ist es wirklich so einfach?

Die Angebote dort inspirieren dich, Neues auszuprobieren. Dein Geschmack ist nicht der gleiche wie der deines
Nachbarn. Doch in der Kinder-ER-Ziehung glaubst du
den Methoden, die am meisten angepriesen werden.
Überprüfe, ob das Angebot zu deinen Gefühlen und deiner Intuition passt oder es von der Angst bestimmt wird,
dass du etwas falsch machen könntest. Beobachte mich,
wie ich auf die jeweilige Methode reagiere: Macht sie
mich friedlich, bin ich freudig und ausgeglichen?

Reflektiere. Reflexion ist der Schlüssel zu unserem inneren Frieden und der Herzverbindung, weil wir alle, jeder
für sich selbst, einzigartig sind. Mir ist klar, dass es Mut
braucht, das umzusetzen. Und ich bin sicher, du hast ihn!
Er ist in deiner Liebe zu mir, und es ist nicht nötig, einen
Sport daraus zu machen und dich so unter Druck zu setzen. Finde heraus, wie und wann das Reflektieren dich
oder uns unterstützt und Lösungen bietet, die den Alltag
erleichtern. :-) Ich bin dabei und freue mich riesig, dass
ich mit meiner Einmaligkeit, meinen Gefühlen, Bedürfnissen und meinem Entwicklungsprofessor gesehen werde. Danke dir von Herzen, immer wieder!

Was erwartest du von mir als dein Kind? Worauf wartest
du? Darauf, dass endlich mal alles harmonisch ist und der
Tag ruhig und entspannt verläuft?

Kann es sein, dass wir alle warten, wie zum Beispiel:

Ich warte …
- darauf, dass du Zeit für mich hast
- darauf, dass du mit mir spielst
- darauf, dass du mit mir in den Tierpark gehst
- darauf, dass du mir Spielsachen kaufst
- darauf, dass ich meine Lieblingsfilme schauen darf
- darauf, dass ich ein Eis essen darf
- darauf, dass du mich in meinen Bedürfnissen und Wünschen ernst nimmst uvm.

Du wartest…
- darauf, dass du mehr Zeit für mich hast
- darauf, dass du mehr Zeit für dich hast
- darauf, dass ich selbstständiger werde
- darauf, dass ich dich besser verstehe
- darauf, dass deine Angst verschwindet, in der Erziehung etwas falsch zu machen

Tage vergehen und begleiten uns durch die Zeit. Sie sind bestimmt von Gedanken, die dich quälen oder in Freude sein lassen. Ich bin im Augenblick – was ich im Moment tue, macht meine Gedanken aus. Ich bin froh, traurig, verwirrt, unsicher, ängstlich, mutig. Aus diesen Emotionen und Gedanken formt sich meine Welt. Es wird dich bestimmt verwundern und auch stutzig machen, dass das wahr sein kann. Es ist okay für mich, solltest du daran zweifeln, was ich sage, und es kritisch hinterfragen. So soll es sein!

Ich möchte dir erklären, wie Gedanken mein Handeln und mein Leben formen. Stell dir vor, ich werde morgens wach und blicke in dein Gesicht, deine Augen. Sie sind voller Liebe und Freude, wenn du mich siehst, und schon erweckst du damit nicht nur meinen Körper, sondern auch die Freude in meinem Herzen.

Tanzend begegnen sich deine und meine Freude in unseren Herzen. Das spürst du auch! Kraft und Energie erfüllen unser Sein und bilden eine herrliche und gelassene Grundlage für diesen neuen Tag. Der Alltag geht dir mit Leichtigkeit von der Hand. Wir beide erleben uns in Harmonie und Fröhlichkeit. Daraus entstehen bei mir über den Tag verteilt gute Gedanken, verbunden mit Gefühlen von Geborgenheit und Liebe. Sie sind an diesem Tag so klar und lebendig wie sprudelndes Bergwasser. Das sind meine Wahrheit und Wirklichkeit.

In den ersten Lebensjahren zweifle ich nicht daran, dass jeder neue Tag schön und freudig sein wird. Später schleicht sich Angst in meine Gedanken, aus Erfahrungen heraus, die ich gemacht habe. Kein Tag gleicht dem anderen. Das klare Bergwasser, meine Gedanken und Gefühle, fließen weiter und weiter. „Ach ja", höre ich dich schon seufzen, „das wäre schön! Das möchte ich auch sehr gerne so erleben. Das ist nicht die Wahrheit, mein Kind! So ist es mir auch nicht ergangen, als ich klein war. Das Leben ist anders!

"Liebe Mama, lieber Papa, ich weiß, dass es nicht so einfach für euch ist, zu glauben, was ich sage. Aber überlegt

mal: Solange ich diese Überlebensmuster nicht kennen-
lerne, werde ich auch freie und klare gute Gedanken in
mein Leben schicken. Wieder einmal sind wir bei der
Kommunikation angekommen, in Verbindung mit Reflexion. Was ich damit meine? Bleiben wir bei dem voran-
gegangenen Beispiel, nur mit einer anderen Ausgangspo-
sition.

Du weckst mich, bist schon gestresst, weil es bereits spät
ist. Außerdem bist du sauer auf dich, weil du heute so
wenig Zeit für mich hast. Ich werde aus meinem Schlaf
gerissen und will zunächst erstmal auf dieser Welt ankommen, aus der Traumwelt in die Wirklichkeit. Geschieht das zu schnell, geht es mir schlecht. Ich weiß
nicht, was los ist. Wo bin ich denn? Selbst dein liebevoller Blick und die zärtlichen Töne deiner Stimme machen
mich nicht so richtig wach. Ich brauche in diesem Moment deine Zeit und dein Verständnis sowie deine Akzeptanz meines individuellen Wachwerdens. :-)

Bin ich dann angekommen in diesem neuen Tag, schaue
ich mit Liebe und Dankbarkeit in deine Augen. Doch ich
spüre deinen Zeitdruck und deine Unsicherheit, die der
Situation geschuldet ist. Ich spüre dein „Wenn-dann-Ge-
fühl": „Wenn ich morgens nicht solchen Stress hätte und
arbeiten gehen müsste, dann könnte ich meinem Kind
und mir mehr Zeit geben", so könnten deine Gedanken
lauten.

Schade, dass sie unausgesprochen bleiben. Ich bin unsicher und habe das Gefühl, dass ich der Auslöser für dei-

nen Ärger und Zeitdruck bin. Es hilft mir sehr, meine Gedanken und Gefühle in die Klarheit zu bringen und einen guten Start für diesen Tag zu erleben, wenn du mir sagst und zeigst, dass ich nicht verantwortlich dafür bin. Nimm mich in den Arm und sag mir, dass du mich liebst, dass der Stress nichts mit mir zu tun hat. Mit dieser Klarheit, die du mir geschenkt hast, durch deine wahre und ehrliche Kommunikation, beginnt mein Tag mit guten Gedanken und schafft für uns beide eine Grundlage unserer Verbindung.

Ich fühle mich respektvoll wahrgenommen in meinem Sein und meinen Bedürfnissen. Mit diesem guten Gefühl erschaffe ich „neues Gutes" in mir. Auch für dich wird es leichter sein, mit der Ehrlichkeit dir und mir gegenüber; wenn du deinen Empfindungen und Bedürfnissen gegenüber offen bist, sie spürst und aussprichst. Die Gefühle und Gedanken bekommen einen Ausdruck und müssen sich nicht wie in einem Gärungsprozess in einer Biomülltonne zum Gären und Explodieren aufbäumen.

Friede, Freude, Spiel – das bin ich, und sonst nichts in meinen ersten Lebensjahren. Ja, bestimmt ist das schwer zu verstehen für dich ... doch das ist gar nicht schlimm für mich, weil ich genau weiß, dass auch in dir dieses Kind steckt. Kann sein, dass es „stecken geblieben" ist, da es verletzt wurde in seinem Sein. Es wäre schön, wenn du dich auf die Suche machst nach diesem Engelchen in dir. Ich brauche einen Spielpartner. :-) Stell dir vor, wir würden uns in der Freude beim Spielen begegnen! Meinst du nicht auch, dass sich der Friede ganz von selbst einstellt? Sicher fragst du dich, wie ich in Frieden sein kann, wenn ich schreiend und trotzig auf dem Boden liege.

Da hast du allerdings recht. In diesem Zustand möchte ich etwas zum Ausdruck bringen, wofür ich keine Worte habe – noch nicht. Das kann viele Gründe haben. Darüber habe ich ja schon öfter gesprochen. Ich meine den Frieden in mir, die Zufriedenheit, die ich ausstrahle. Du fragst dich gerade, wann dieser Frieden entsteht?
Erinnere dich an meinen Entwicklungsprofessor. Aus ihm heraus entstehen die Neugier und die Lust auszuprobieren, was ich kann, wer ich bin, und auch meinen eigenen Willen. In mir ist es friedlich, sobald der Hunger nach der eigenen Wirklichkeit, meiner Autonomie und Individualität befriedigt ist. Bitte sei nun nicht verwirrt. :-) Ich höre dich schon sagen: „O nein, ich kann doch nicht alles dulden, ohne Grenzen." Auch da gebe ich dir recht, und mir ist vollkommen klar, dass nicht so einfach zu erkennen ist, was mich gerade friedlich stimmen könnte. Nun ist deine Intuition gefragt, dein Mutter- und Vaterherz, deine Geduld, Beobachtungsgabe und Reflexion. Es gibt kein Rezept dafür, wann und wie oft ich dieses oder jenes in meiner Entwicklung brauche.

Ein Merkmal kann ich dir aber nennen, wo ich deine Geduld mehr brauche als sonst. Und zwar sind das Entwicklungsübergänge, wie zum Beispiel, nachdem ich in meinen ersten Lebensmonaten die meiste Zeit die Welt aus liegender Position betrachtet habe. Es kann sein, dass ich mürrisch und quengelig werde, weil ich gerne die Perspektive des Schauens und Beobachtens wechseln möchte. Es kann auch sein, dass meine Rückenmuskulatur noch nicht stark genug zum Sitzen ist. Es hilft mir dann sehr, dass du weißt, dass ich „nur" in meiner Gier auf Neues Fortschritte machen möchte. Dabei brauche ich deine Unterstützung mit deinem Verständnis und neuen Impulsen. Ich bin sicher, dir fällt dazu schon etwas ein. Vor allen Dingen zeige ich dir deutlich, wenn ich damit einverstanden bin und wieder in meinen Frieden komme. Dann sind wir beide zufrieden, oder?

Ebenso kann es an dem Punkt sein, wo ich fröhlich und schnell durch die Wohnung krabble und die nächste Stufe von Mr. Entwicklungsprofessor sich überall hoch-zuziehen versucht, vielleicht auch schon laufen will. Oh, das ist ganz schön anstrengend und frustrierend für mich. Kannst du das nachvollziehen? Ich würde dann ja so gerne laufen, autonom sein, hinter dir herlaufen. Ich möchte forschend durch die Wohnung sausen und die Schränke erkunden. Es ist interessant und aufregend, die Welt aufrecht zu erleben, aus einer ganz neuen Perspektive. Hier gibt es so viel Neues zu entdecken! Es braucht seine Zeit, bis mein Gleichgewicht und meine Muskulatur gut genug ausgebildet sind. Auch in dieser Phase freue ich mich über deine Geduld und dein Mitgefühl. Ja, ich weiß, es ist nicht leicht für dich, wenn mir so gar nichts recht sein will. Doch glaub mir, ich bin aus meinem Frieden herausgekommen, weil ich neue Entdeckungen brauche, die mir Freude machen. Je öfter mir das gelingt, je öfter ich in meinen Versuchen ernst genommen und natürlich auch nicht zu Leistung gedrängt werde, desto schneller bin ich wieder in meinem Frieden. :-)

Das Spiel ist ebenso ein ganz wichtiger Bestandteil meiner Entwicklung und meines Seins, meiner Seele. Spielend lerne ich schnell wichtige Grundlagen, wie zum Beispiel Zahlen, Buchstaben, Lieder und Reime.

Hast du schon beobachtet, dass ich im Spiel, vielleicht über ein Rollenspiel, Alltagssituationen nachspiele? Dieses Spielen ermöglicht mir, Situationen aus dem Alltag und Erlebtes, das mich noch beschäftigt, seelisch auszugleichen. Hier kann ich Gefühlen wie Wut, Ärger und Trauer durch andere Figuren Ausdruck verleihen, die sonst keinen Raum finden.

Beobachte mein Spielen, darin erkennst du, was meine Seele bewegt. Am besten ist es, wenn du mit ins Spiel gehst und mir Lösungen zeigst oder anbietest.

Manuela dazu:

Nur wenige Erwachsene und Bezugspersonen verfügen über das Wissen, dass das tägliche Spielen des Kindes sehr wichtig ist, damit es einen Ausgleich zum „Job" des Entwicklungsprofessors findet. Schon an anderen Stellen dieses Buches konnten Sie lesen, wie fundamental die Wahrnehmung mit allen Sinnen ist, gerade für das spätere Lernen (Verknüpfung/Synapsen). Genauso ist das Rollenspiel ein Entwicklungsschritt, der dem Kind einen Ausgleich bietet und worin es etwas verarbeitet, was es im Alltag erlebt hat.

Bei der Beobachtung eines Rollenspiels können Sie erkennen, wie Ihr Kind mit seinen Gefühlen umgeht. Spricht es die Angst aus oder ist es wütend? Wie zeigt es die Bindung zu den Bezugspersonen, wie stellt es sie dar? Es ist möglich, dass Sie Ihr eigenes Verhalten darin entdecken, denn wie Sie wissen, lernen Kinder am Modell. Erschrecken Sie nicht, schauen Sie es sich an und reflektieren Sie. Ist es Ihre Absicht, dass Ihr Kind so kommuniziert, seine Gefühle zeigt und ausspricht, sich vielleicht anpasst, wie Sie es in dem Moment beobachten?

In der Reflexion haben Sie immer wieder die Freiheit, neu zu entscheiden, was Sie Ihrem Kind für die Zukunft vermitteln wollen. Sie sehen zum Beispiel Ihre Tochter (vier Jahre) mit einer gleichaltrigen Freundin mit dem Kaufladen spielen. Ihre Tochter ist in diesem Spiel die Kundin, die Freundin steht hinter der Theke. Sie nehmen wahr, wie bestimmend Ihre Tochter auftritt. „Ich will

Milch kaufen, haben Sie Milch?"

„Hier ist die Milch." Die Freundin reicht sie über die Theke. „Nein, die will ich nicht! Haben Sie keine andere? Mir schmeckt die nicht. Wenn Sie keine andere haben, gehe ich wieder. Ich habe keine Zeit." Trotzig stampft Ihre Tochter in die Puppenecke. Die Freundin steht verwirrt hinter der Theke und kann nicht einordnen, was gerade geschehen ist.

Wie so oft ein ganz „normales" Alltagsgeschehen. Und das soll bedeutsam in der kindlichen Entwicklung sein? „Man kann es auch übertreiben", höre ich Sie denken, sagen. Da bin ich ganz auf Ihrer Seite, denn mit zu viel Analysieren, Reflektieren und Beobachten kann man den Bogen auch überspannen.

Es geht mir auf gar keinen Fall darum, mit den „richtigen" Methoden und Konzepten das Kind „perfekt" erziehen zu wollen! Meine Intention ist, Sie für Ihre eigenen Bedürfnisse zu sensibilisieren, und für die Bedürfnisse Ihres Kindes. Nehmen Sie auf der Herzebene wahr, was Sie mit Ihrem Kind verbindet. Vertrauen Sie Ihrer Intuition! Trauen Sie sich, kritisch gegenüber allen Ratgebern zu sein, und auch dem, was Sie bereits in meinem Buch gelesen haben. Fühlen Sie in sich hinein, wie es Ihnen damit geht, was Sie lesen, hören, gesagt bekommen. Spüren Sie Frieden, Freude oder Unsicherheit? Entdecken Sie Ihre eigene Wirklichkeit und werden Sie, wer Sie wirklich sind. Ihr Kind spiegelt es Ihnen jeden neuen Tag. Um auf das Rollenspiel der Kinder zurückzukommen: Ich biete Ihnen keine Lösung an, weil ich weiß, dass ich nichts weiß. Sollte Ihnen eine ähnliche oder die gleiche Situation in Ihrem Leben begegnen, bin ich überzeugt davon, dass Sie im Spiegel des Kindes erkennen, was Sie bisher nicht wahr-genommen haben und nicht sehen konnten oder wollten, unabhängig, ob es etwas Angenehmes oder Un-angenehmes ist.

Haben Sie Mut! Es lohnt sich, die andere Seite in sich selbst zu betrachten, sie lieben zu lernen und sich selbst zu verstehen, ganz besonders für die Zukunft Ihres Kindes. Gibt es eine bessere Investition als in die reine bedingungslose Liebe?

**‚Liebe ist das Einzige, was wächst,
indem wir es verschwenden.‘**

(Ricarda Octavia Huch, deutsche Dichterin und Historikerin 1864-1947)

3. Ungeteilte Aufmerksamkeit

Das Wasser zieht mich an wie ein Magnet, weil mein Entwicklungsprofessor experimentieren möchte. Da ist es für mich ganz klar, dass ich nach einem Gefäß Ausschau halten sollte, um damit Wasser zu holen. Allein die Balance zu halten, um das Wasser zu transportieren, ist eine neue Erfahrung für mich. Wenn ich nun die Möglichkeit habe, mit Wasser, Erde und Sand zu spielen, ist das perfekt! Zuerst gebe ich den Sand mit meinen kleinen Händen in das Wasser, das ich in einem kleinen Eimer geholt habe. Nun kann ich Matsche machen! Mit allen Sinnen nehme ich eine ganz neue Erfahrung wahr, indem ich Wasser und Sand vermische. Und auch die Erde, die am Rand der Rutsche liegt, muss mit hinein. Wow, ich liebe diese Experimente! So fühlt es sich also an, wenn sich Wasser, Sand und Erde vermischen.

Erforschen und Erfahren mit allen Sinnen wie Hören, Schmecken, Fühlen, Sehen und Riechen ist sehr wichtig, weil es die Entwicklung des Gehirns fördert.

Äußerliche Reize lösen überr die Sinneszellen die Aktivierung der Synapsen aus. Über diese wird die Information von Neuronen (Nervenzellen) zu Nerven weitergeleitet.

Je mehr Synapsen und Neuronen aktiviert sind, desto tiefer wird die Information im Gehirn verankert.

Ich nehme wahr, wie Wasser immer dicker wird, wenn ich Sand und Erde mit einrühre und wie sich die Farbe verändert. Natürlich versuche ich, auch Formen aus dem *Matschebrei* zu machen. Doch irgendwie gelingt es mir nicht, sie fallen immer wieder auseinander. Also laufe ich wieder zum Brunnen und hole mir neues Wasser. Inzwischen hast du mir gesagt, ich soll doch mit dem Dreck aufhören und dass ich mich damit nur schmutzig mache. Mich erreicht deine Kommunikation nicht. Ich bin beschäftigt damit, meinem Entwicklungsprofessor zu folgen, und meiner eigenen Wirklichkeit. Also komme ich mit neuem Wasser in meinem kleinen Eimer zurück zum Sandkasten. Das Experiment Matsch war ja nicht so erfolgreich, also probiere ich einfach etwas Neues aus. Ich schaue mir die Rutsche an, die eine schöne glänzende Edelstahlfläche hat. Ja, das ist prima. Ich schütte das Wasser auf die Rutsche und beobachte, was dann geschieht. Frei davon, an meiner Idee zu zweifeln, schütte ich das Wasser die Rutsche hinunter. Oh, wie schnell es hinunterläuft, wie schön das aussieht, wie es sich über die Fläche verteilt und in der Sonne glitzert! Schnell laufe ich zum Ende der Rutsche hin und will das Wasser aufhalten – zu spät! Mich reizt es, Sand und Erde auf die Rutsche zu streuen.

Schon passiert. Dann vermische ich es noch mit dem Wasser und staune, weil dieser Matsch ganz anders ist.
Doch mein Staunen und mein Experimentieren hat ein schnelles Ende. Zuerst höre ich deine laute Stimme: „Was machst du denn da für einen Quatsch? Ich habe dir doch eben schon gesagt, du sollst damit aufhören!" Schon

stehst du neben mir und schiebst mich zur Seite. Für mich fühlt es sich an, als würde ein Donnerwetter über mich hereinbrechen, das ich nicht aufhalten kann. Weiter höre ich deine Worte, die wütend und ärgerlich auf mich einprasseln: „Schau dir das mal an, wie die Rutsche jetzt aussieht! Jetzt kann kein Kind mehr darauf rutschen, und du bist schuld daran. Und dein T-Shirt ist auch voller Dreck. Du machst die Rutsche jetzt sofort sauber!"

Ich stehe da und fühle mich einfach nur schlecht, bin traurig und verstehe die Welt nicht mehr. Was für ein Dilemma! Ich bin doch nur meinem Entwicklungsprofessor gefolgt. Es fühlte sich für mich so gut und richtig an. Aber die Reaktion des liebsten Menschen, den ich habe, ist großer Ärger und ich bleibe mit dem Gefühl allein, dass ich nicht okay bin. Du holst Papiertücher aus dem Auto, drohst damit, dass wir nach Hause fahren, und wir wischen gemeinsam den Matsch von der Rutsche.

Nun sind wir beide traurig und enttäuscht. Du von mir, weil ich dich nicht gehört habe, und ich von dir, weil du mich nicht verstehst. Dabei ist doch alles so einfach mit der Herzsprache. Mit der ICH-Sprache können wir der Situation eine ganz neue Qualität schenken. Einmal, weil wir uns dann beide im Herzen begegnen und zum anderen, weil meine eigene Wirklichkeit gewürdigt, wahrgenommen und respektiert wird.

Mein Erwachsenen-Ich darf wachsen. Jetzt wirst du dich fragen, wie du mit so einer Situation umgehen sollst. Ich kann dir sagen, was mir hilft: dein Verständnis.

Du könntest zum Beispiel sagen: „Ich sehe, dass du gerne mit Wasser spielen und es mit Sand vermischen möchtest. Das kann ich gut verstehen. Wir schauen mal zusammen, wo wir hier einen Platz finden, an dem das möglich ist. Weißt du, ich finde es wichtig, dass auch die anderen Kinder die Geräte hier nutzen können. Was möchtest du gerne ausprobieren?"

Mit dieser Kommunikation können wir beide unsere Wirklichkeit miteinander austauschen, uns verstehen. Es kann auch sein, und das wirst du bestimmt beobachten, dass gerade die Entwicklungsphase mit flüssigen Materialien ihren Raum braucht. Mir hilft es wirklich sehr, wenn du die Beobachtung bei mir machst und mir Räume für diese Entwicklung schaffst.

„Echte Reife erfährt das Kind mit allen Sinnen und Unterstützung des Entwicklungsprofessors, der in uns allen angelegt ist."

Manuela sagt dazu:

Möglicherweise haben Sie nun viele Fragezeichen vor Augen, weil Sie nicht wissen, was das Kind mit dieser Aussage meint. Ehrlich gesagt ist es auch nicht so ganz einfach, herauszufinden, was das Kind gerade für seine Entwicklung braucht – was der „Entwicklungsprofessor" entwickeln will, welche Gier auf Neues angesagt ist.
Maria Montessori (italienische Ärztin und Reformpädagogin, geb. 1870) hat schon vor über hundert Jahren entdeckt, wie sehr sich Kinder, in den unterschiedlichen Entwicklungsphasen, auf neue und interessante Dinge konzentrieren können. Sie erkannte, dass die Kinder, sobald sie sich frei entscheiden konnten, jeweils das Spielmaterial wählten, welches sie in ihrer Entwicklung förderte. Hat beispielsweise ein zweijähriges Kind die Auswahl zwischen Bauklötzen, Bilderbuch, Kinder-Küche, Puzzles, verschiedenen Gefäßen (Schüssel, Tasche, Karton), können Sie beobachten, welche Art von Entwicklung das Kind gerade braucht bzw. im Außen sucht. Vielleicht ist gerade die räumliche Erfahrung im Fokus, Bauklötze aufzutürmen oder verschiedene Gegenstände in einen Karton zu werfen. Dabei macht es ganz unterschiedliche Erfahrungen mit allen Sinnen:

- es hört die Geräusche, wenn die Bauklötze umfallen
- es nimmt sie bestimmt einmal in den Mund (schmecken)
- es hält sie in den Händen (tasten – begreifen)
- es sieht die Bauklötze
- es riecht sie
- es erlebt das räumliche Erfahren

Ihre „ungeteilte Aufmerksamkeit" Ihrem Kind gegenüber lässt Sie durch Beobachtung wahrnehmen, wonach Ihr Kind gerade auf der Suche ist, um Neues und Unbekanntes zu entdecken, zu begreifen und es kennenzulernen. Einer Situation oder Person die ungeteilte Aufmerksamkeit zu schenken, ist gar nicht so leicht, schon gar nicht in der heutigen Zeit, die voller Ablenkungen ist. Die ungeteilte Aufmerksamkeit Ihrem Kind gegenüber, und seien es nur fünfzehn Minuten pro Tag, birgt ungeahnte Kräfte innerhalb einer Bindung. Ich bin sicher, Sie kennen das: Sie sprechen mit einer Ihnen sehr nahestehenden Person und haben das Gefühl, dass Ihnen nicht zugehört wird. Es ist, als sprächen Sie mit einer Wand. Haben Sie das schon erlebt? Fühlten Sie sich geliebt, ernst genommen, gesehen, wahrgenommen? Wahrscheinlich nicht.

Im Erwachsenenleben ist uns die ungeteilte Aufmerksamkeit abhanden gekommen, die wir als Kind im Spiel leben konnten. Zu viel Verantwortung, zu viele Aufgaben und Herausforderungen prägen den Alltag und schwirren in unseren Gedanken mit wie lästige Insekten: „Wann gehe ich zum Einkaufen?" „Was habe ich sonst noch zu tun – ach ja, die Wäsche muss gewaschen werden!" „Morgen muss ich zum Chef" ...

Ich weiß, dass es nicht ganz einfach ist, die ratternden Gedanken der alltäglichen Erledigungen beiseite zulassen oder zu stoppen. Manchmal hilft eine kleine To-do-Liste, damit sie aus dem Kopf verschwinden. Ich empfehle Ihnen, machen Sie sich für fünfzehn Minuten am Tag frei davon und widmen Sie sich ganz Ihrem Kind, ob im Spiel, beim Kuscheln, Vorlesen, Basteln ... was auch immer. Schenken Sie Ihrem Kind diese wenigen Minuten im Hier und Jetzt, und Sie werden sehen und fühlen, wonach Ihr Kind sucht. Sollte ihr Kind beispielsweise besonders gerne mit den Bauklötzen Türme bauen, dann können Sie noch andere Materialien zum Bauen anbieten, wie kleine Kartons, Becher oder Schüsseln.

Das Wirken der ungeteilten Aufmerksamkeit im Alltag ist nicht zu unterschätzen. Als Ritual bringt es Kontinuität, gibt Struktur und hilft dem Kind beim Bindungsaufbau. Und Sie befinden sich natürlich auf der FamilienInsel. Fünfzehn Minuten täglich erscheinen so wenig, und doch ziehen sie eine Veränderung nach sich. Wie viel Zeit wenden Sie zum täglichen Zähneputzen auf – fünf, zehn, fünfzehn Minuten?
Sie tun es sicher in Eigenverantwortung, weil Ihnen die Konsequenz des Nicht-Tuns sehr bewusst ist, abgesehen von Mundgeruch sowie schlechten und kaputten Zähnen.
Die ungeteilte Aufmerksamkeit im Alltag schenkt Ihrem Kind und auch Ihnen selbst eine Herzverbindung der Bedingungslosigkeit. Sie nähren damit die reine, ehrliche Liebe zu Ihrem Kind, frei von Erwartungen, Bewertungen oder Sanktionen. Eben deshalb, weil sie mit dem Herzen sehen, so wie es schon der kleine Prinz sagt!
Mit dem Herzen zu sehen lässt Sie erkennen, wonach das Kind sucht. Vielleicht ist es Ihre Nähe oder sind es neue Anregungen zum Spielen, Erfahren und Lernen. Was auch immer Sie erkennen und fühlen, Sie werden die Erfahrung machen, dass Ihr Kind zufriedener ist, sich frei und

freudiger fühlt und das wiederum Ihr Herz erfüllt. Und so ganz nebenbei sehen Sie in den Spiegel zu Ihrem inneren Kind. Es kann sein, dass Sie traurig werden, weil Sie sich diese ungeteilte Aufmerksamkeit auch so sehr von Ihren Eltern gewünscht hätten. Das kann ich verstehen und kenne dieses Gefühl als Oma und Mutter selbst sehr gut. In meiner Oma-Rolle sehe ich mit Freude, wie viel ungeteilte Aufmerksamkeit mein Enkel von uns allen bekommt. Es ist für mich wunderbar zu sehen, dass sein freies Kind in seiner eigenen Wirklichkeit wachsen darf. Ich möchte Ihnen Mut machen, neue Wege zu gehen, Ihrer Intuition zu folgen. Glauben Sie mir, es trägt Früchte. Es ist nie zu spät, damit anzufangen!

Mein Sohn war schon über zwanzig Jahre alt, als ich anfing, die Narben auf meiner Seele zu betrachten. Ich erkannte damals nicht den Unterschied zwischen meinem verletzten inneren Kind und der Übertragung auf ihn. Sollten Sie offen dafür sein, Ihr verletztes inneres Kind zu begrüßen und zu verstehen, werden Sie auch Ihr reales Kind viel besser verstehen und dankbar für das, was es Ihnen zeigt. Allerdings sehen Sie auch das Schöne und Erfüllte aus Ihrer Kindheit in Ihrem Kind. Würdigen Sie diese Erfahrung und freuen Sie sich mit diesem Anteil Ihres inneren Kindes.

Mir fällt gerade mein Lieblingsgedicht von Hermann Hesse ein. Es heißt „Die Stufen". „Und jedem Anfang wohnt ein Zauber inne ..." Der uns beschützt und der uns hilft, zu leben. Zweifeln Sie nicht, ob die Methode der ungeteilten Aufmerksamkeit einen Sinn hat oder vielleicht

Quatsch ist. Ich kann Ihnen nur so viel garantieren, dass ich gute Erfahrungen damit gemacht habe und andere Eltern auch. Vielleicht lassen Sie sich auf den Zauber des Anfangs ein und probieren es einfach aus. Erfühlen und erleben Sie, wie es Ihnen damit geht und was sich in einem Monat verändert hat. Tun Sie es frei von Erwartungen, einfach so, im Hier und Jetzt.

4. We:komm

4.1 ICH-Zustände

Mit wertschätzender Kommunikation (We:komm)
erschaffen wir gemeinsam Freiheit, Klarheit und Harmonie in unserer Beziehung. Ist dir schon einmal aufgefallen, dass unterschiedliche Personen in dir etwas zu sagen haben? Nein, nein, keine Angst, Ich meine damit nicht, dass du eine gespaltene Persönlichkeit sein könntest! Aber hast du schon einmal davon gehört, dass wir in unterschiedlichen Ich-Zuständen handeln, fühlen und denken?

Das hat der Psychiater Eric Berne herausgefunden. Er wurde 1910 in Kanada geboren und entwickelte eine Methode der Kommunikation, die schon ein achtjähriges Kind verstehen sollte. Und ich finde, es ist ganz wunderbar, dass er dabei vor allem an uns Kinder gedacht hat. Denn vor fast hundert Jahren hat er bereits erkannt, dass wir viel zu wenig aus dem Herzen miteinander sprechen. Vielleicht klingt das für dich nicht glaubhaft oder du zweifelst. Das ist total okay! Ich erkläre dir, was er damit meint, und du darfst es auf dich wirken lassen. Vielleicht berührt es etwas in dir.

Die Lebensanschauung von Eric Berne war: „Ich bin okay – du bist okay" Er erkannte, dass auch in uns kleinen Menschen, uns Kindern, eine Ebene existiert, die bis zum heutigen Tag leider nicht wirklich von der Gesellschaft anerkannt und gewürdigt wird. Jetzt bist du bestimmt neugierig, was ich damit meine. :-) Es hat tatsächlich auch mit Neugier zu tun, damit, gierig auf Neues zu sein. Diese Neugier hat ihren Ursprung im Entwicklungsprofessor (*dieser Begriff kommt von Manuela*), der in uns allen angelegt ist. Dort sind die unterschiedlichen Entwicklungszyklen wie in einer Datei schon vorhanden. Die Datei öffnet sich dann zum Lernen und Erfahren, wenn mein Entwicklungsprofessor ein neues „Programm" braucht. Eric Berne spricht von dem erwachsenen Ich-Zustand. Das hat allerdings mit Erwachsensein rein gar nichts zu tun. Dieses Erwachsenen-Ich ist auch schon in mir, wenn ich das Licht der Welt erblicke. Sein Bestreben ist gleich einem Saatkorn, in Liebe und Achtsamkeit autonom zu werden und in der eigenen Wirklichkeit individuell zu erwachsen. Dieses kleine Saatkorn trägt alle Informationen in sich, die es braucht, um in Liebe zu sein. Wusstest du das schon?

Von dieser so einfachen Erkenntnis hängt so viel ab. Zum Beispiel, dass wir beide uns auf Augenhöhe begegnen können oder die Möglichkeit, mich besser zu verstehen und meinen Entwicklungsprozess würdigen zu können. Indem du mich beobachtest, kannst du vielleicht erkennen, wie ich in den ersten Lebensjahren meinem Entwicklungsprofessor folge, was ein großer Wunsch von mir ist. Glaub nicht, dass ich dich ärgern will, wenn ich so viel ausprobiere. In deiner aufmerksamen Erfahrung wirst du spüren, was mich friedlich stimmt. Wie du meinen Hunger auf Neues stillen kannst. Und das ist gar nicht so kompliziert, wie du denkst.

Ein Beispiel: Ich kann gerade mal ein paar Monate laufen und entdecke Wasser in einem bunten Glas in erreichbarer Nähe. Freudig gestimmt auf das Neue, denn ich hatte noch nie ein Glas mit Wasser in der Hand, wackle ich auf das Glas zu und will es für mich begreifbar machen. Ich nehme es in meine kleinen Hände, drehe mich herum, um dir meine neue Errungenschaft zu zeigen. Das ist die „Software" für meine Entwicklung.

Für dich hat die Situation vielleicht eine ganz andere Bedeutung. Es kann sein, dass du Angst um mich hast. Ich könnte ja hinfallen und mich an dem zerbrochenen Glas verletzen. Aus dieser Angst heraus springst du erschrocken auf und rufst: „Lass das stehen! Du bist noch zu klein!" Ärgerlich nimmst du mir das Glas aus der Hand. Ich weiß, du meinst es nur gut, willst mich beschützen. So hast du es auch ganz bestimmt selbst erfahren. Vielleicht war dir bisher nicht bewusst, dass diese kleine Situation Auswirkungen auf mein Selbstvertrauen, Selbstbewusstsein und Selbstwertgefühl haben könnte.

Es ist so schade, dass die Informationen und Methoden von Eric Berne viele Eltern noch nicht erreicht haben. Doch anknüpfend an das beschriebene Beispiel – ich fühle mich falsch mit meiner Neugier, glaube vielleicht sogar, ich wäre schuld, weil ich dich verärgert habe. Was ist in diesem kleinen Beispiel geschehen? Das kleine Pflänzchen, welches langsam aus dem Samenkorn erwächst, knickt ein. Das Erwachsenen-ICH und somit meine eigene Wirklichkeit wird eventuell beschnitten. Schon wieder hilft uns die Kommunikation auf Augenhöhe, die Eric

Berne beschreibt, bei der der Erwachsene die eigene Wirklichkeit eines Kindes würdigt, im Kontext seines individuellen Entwicklungsstands.

In der Vergangenheit war es doch meistens so, dass die erziehungsberechtigten Personen zu wissen glaubten, was das Kind braucht. Wer hätte je gedacht, dass das Kind die „Software" schon mitbringt! Respekt, Liebe und Achtsamkeit im miteinander und aneinander Wachsen schafft innere Freiheit für ein liebevolles Familiensystem. Die eigene Wirklichkeit, dieser ICH-Zustand in uns allen, ist das Hier und Jetzt, verkörpert die Realität. Schau mich an und du wirst beobachten, dass ich im Moment und im Augenblick lebe. Ich tue das, was für mich wichtig und fördernd ist.

Es fängt schon mit der ICH-Sprache an. Ich fange an zu sprechen mit Sätzen wie „Ich will spielen", „Ich will ein Eis", „Ich will auf den Spielplatz". In der Vergangenheit wurde „Ich will" als egoistisch deklariert. Warum? Die ICH-Sprache ist in uns angelegt, sonst würden das nicht die ersten Worte sein. Sie ist Realität. Ja wirklich :-), schau mal, was du zu mir sagst, weil dir deine ICH-Sprache schon als Kind abgewöhnt wurde: „Räum dein Zimmer auf!", „Zieh deine Jacke an", „Iss dein Brot auf!"

Oft genug kann es sein, dass du dann ärgerlich bist, weil ich nicht reagiere. Willst du wissen, was mich davon abhält, deiner Forderung Folge zu leisten? Wir beide sind dann nicht in der Realität. Wer möchte denn, dass das Zimmer aufgeräumt wird oder ich die Jacke anziehe?

Sollte ich gerade ins Spielen vertieft sein, glaubst du, ich möchte dann aufräumen? Es hilft mir sehr, deine Worte aus deiner Wirklichkeit und Realität zu hören, wie zum Beispiel: „Ich möchte, dass du aufräumst." In diesem Augenblick ist es für mich wahr und in der Realität klar, dass du das willst. Versuche einfach mal, in der verloren gegangenen ICH-Sprache zu sprechen, es kann Wunder bewirken!

Manuela sagt dazu:

Während meiner Arbeit als Erzieherin entdeckte ich, dass sich die Kinder bereits in der ICH-Sprache mitteilen. Dies bestätigte mir die Funktion des Entwicklungsprofessors, denn das Kind will autonom werden, begreifen, entdecken, erfahren. In meiner Ausbildung lernte ich die ICH-Botschaften. Vielleicht haben Sie auch schon davon gehört oder gelesen. Ich unterscheide diese beiden Kommunikationsansätze deshalb, weil aus meinem Empfinden heraus die ICH-Sprache in uns angelegt ist. Über die ICH-Sprache können wir unsere eigene Wirklichkeit und Realität aussprechen.

Sie entspricht in der aktuellen Situation den eigenen Gefühlen, wie in dem Beispiel, wo das Kind das Zimmer aufräumen soll. In der Wirklichkeit des Erwachsenen soll nun aufgeräumt werden, aus ganz unterschiedlichen Gründen. Die Realität des Kindes ist im Hier und Jetzt, in seinem Spielen, in seiner eigenen Welt. Genauso kann es sich im Alltag der Erwachsenenwelt abspielen. Er sitzt am Computer und sie sagt: „Bring den Müll raus." Diese scheinbar ganz banale Alltagskommunikation löst manchmal riesige Stürme in einer Beziehung aus. Warum? Meistens fehlen Wertschätzung und Respekt, um sich auf Augenhöhe zu begegnen.

Mit der ICH-Sprache kann es gelingen. Sprechen Sie aus Ihrer Realität heraus, wie zum Beispiel: „Der Mülleimer ist voll und ich habe gerade keine Zeit, den Müll wegzubringen. Kannst du das für mich erledigen?" We:komm bedeutet, mehr zu sprechen, Worte zu nutzen, Aussagen und Gefühle mitzuteilen. In diesem Beispiel hat der Mann die Möglichkeit zu entscheiden, fühlt sich nicht bevormundet. Der Unterschied der ICH-Botschaft zur ICH-Sprache ist meiner Meinung nach, dass die ICH-Sprache mit dem eigenen Willen verknüpft ist. Damit meine ich, dass es wichtig ist, seine eigenen Bedürfnisse zu spüren und auch auszusprechen, allerdings frei von der Erwartung, dass das Gegenüber sie auch befriedigt.

Nach meinem Gefühl ist die ICH-Botschaft weniger an die eigenen Empfindungen geknüpft. Sie ist vielmehr ein Bote des ICHs. Doch fühlen Sie selbst in sich hinein, wie es Ihnen mit dieser Aussage gehen würde. Es ist meine Wirklichkeit, und was ich Ihnen darüber kommuniziere kann bei Ihnen ganz andere Gefühle hervorholen. Und genau das finde ich so wertvoll an der eigenen Wirklichkeit – die Bewusstheit, dass jeder seine individuelle Geschichte hat, nach der er geworden ist und woraus die eigene Wirklichkeit entsteht. Sich auf Augenhöhe begegnen, das ist schnell daher gesagt. Es bedeutet Reflexion mit sich selbst, den inneren Kindern und den Erfahrun-

gen, die sie geprägt haben. Das „Ich will" in sich selbst zu entdecken braucht oft Mut, da es vielen von uns aberzogen wurde. Ja, es gab – oder gibt noch – Glaubenssätze wie: „Kinder, die was woll'n, kriegen was auf die Boll'n." In meinen Beratungen begleite ich immer wieder Klienten, deren Wille gebrochen wurde. Was bleibt dann im erwachsenen Leben noch übrig von der Persönlichkeit, die nicht fühlen kann, was sie will? Oft sind es sehr angepasste Menschen, die alles für ihre Mitmenschen tun und sich selbst dabei vergessen, weil sie nicht mehr wissen und fühlen können, was sie selbst wollen.

Freuen Sie sich, wenn Ihr Kind seinen Willen benennen kann, wie zum Beispiel: „Ich will jetzt nicht rausgehen." Begegnen Sie dem Willen Ihres Kindes mit Respekt. Begeben Sie sich mit ihm auf eine Augenhöhe. Sprechen Sie mit ihm: „Okay, ich höre, du willst nicht raus. Gibt es einen Grund dafür? Mir ist so wichtig, dass du an die frische Luft kommst!" Vielleicht sagt das Kind sowas wie: „Ich will drinnen mit Lego spielen, das macht mir so viel Spaß!" Ihre Antwort könnte mit der Entscheidungsfindung lauten: „Ja, ich kann dich verstehen, weil ich sehe, wie toll du mit Lego spielen kannst. Ich möchte dir zwei Möglichkeiten anbieten, da es mir wirklich sehr wichtig ist, dass du auch draußen deinen Spaß beim Spielen hast. Erste Möglichkeit: Du spielst noch zehn Minuten mit Lego und wir gehen anschließend raus. Zweite Möglichkeit: Wir gehen jetzt raus und du kannst deine Legosteine so liegen lassen. Wenn wir wieder zu Hause sind, hast du Zeit, weiterzubauen. Was willst du?" Auch hier ist mehr Reden und Zeit angesagt, um das Kind in seiner Wirklichkeit abzuholen und wertzuschätzen. Das hört sich vielleicht ein bisschen anstrengend an, weil diese Methode neu für Sie ist. Doch auf lange Sicht gesehen, erleben Sie auf diese Weise öfter ein zufriedenes Kind, welches sich ernst genommen und verstanden fühlt. Im Laufe der Zeit erschafft dieses Miteinander eine gute Bindung (Bindungsarten).

Die Autorin Manuela hat den ICH-Zuständen intuitiv Farben gegeben. Nach einigen Jahren stellte sie fest, dass es die Farben der mittleren Chakren, also Energiezentren, sind. Die eigene Wirklichkeit, das Erwachsenen-ICH, kommt aus dem Herzchakra. Es ist der Sitz der reinen Liebe, gesund und unversehrt. Ist es nicht wundervoll, wenn wir aus dem Herzen miteinander sprechen und auf der FamilienInsel sind?

Nun möchte ich dir noch von zwei weiteren ICH-Zuständen erzählen, die in uns allen auch etwas zu sagen haben. Stell dir zunächst 3 untereinander angeordnete Kreise vor, wobei der mittlere Ring grün ist. Das ist die eigene Wirklichkeit (Eric Berne nennt es Erwachsenen-Ich). Angrenzend darüber befindet sich ein blauer, und unter dem grünen einen gelber Kreis.

Eltern-Ich

Erwachsenen- Ich /
Eigene Wirklichkeit

Kind-Ich

Das **Kommunikationsmodell** nach Eric Berne beschreibt
die drei Ich-Zustände, die unser Verhalten und unsere
Kommunikation mit ihren positiven und negativen Attri-
buten beeinflussen. Anzustreben ist die Kommunikation
aus dem Herzen, mit dem Gefühl ‚Ich bin ok - du bist ok‘
verbunden, diese findet auf der Erwachsenen-Ebene statt.

Eltern-Ich / Lernen am Modell

Ist übernommenes und verinnerlichtes von Eltern oder anderen wichtigen Bezugspersonen von früher und heute. Jeder trägt in seinem Inneren seine Eltern mit sich herum. In der Kommunikation äußert sich das z.B. darin, dass wir unserem Gesprächspartner sagen, was er tun soll, sein Verhalten missbilligen, uns fürsorglich und bemutternd geben.

Erwachsenen-Ich (Eigene Wirklichkeit) / Handeln aus dem Herzen

Das Erwachsenen-Ich bezieht sich auf die heutige Realität und ist selbst entwickelt. ,Realitätscheck' - Unser Erwachsene-ICH kann in Situationen weitestgehend sachlich und objektiv sein. Kommunizieren wir in dem Zustand, dann behandeln wir unser Gegenüber gleichwertig, respektvoll und sind sachlich-konstruktiv. Handelt eigenverantwortlich.

Kind-ICH / Verhaltensmuster entwickeln zum (Über-)Leben

Das Kind-Ich bezieht sich auf früher und hat sich aus der kindlichen Entwicklung geprägt. ,Überlebensmuster' - In uns lebt immer noch das Kind, das wir einmal waren. Wir reagieren manchmal eigensinnig oder trotzig, sind albern oder fragwürdig. Phantasie, Neugier und Lerneifer sind Werte unseres inneren Kindes und können sich in der Kommunikation und Verhalten zeigen.

„Über mir", meiner eigenen Wirklichkeit, befindet sich im wahrsten Sinne des Wortes der Eltern-ICH-Zustand, so, wie ihn die meisten Kinder dieser Welt erlebt haben. Die Eltern stehen über uns, betrachten uns Kinder allzu oft als unfertige Wesen, die noch viel lernen müssen. Aus dieser Haltung heraus wirken sie sehr oft belehrend und besserwisserisch auf uns ein. Den meisten Eltern ist das nicht bewusst und nur sehr wenige wissen davon. Nachhaltig werden wir durch diese Kommunikation geprägt und unsere eigene Wirklichkeit im Laufe der Jahre getrübt.

Auch die eigene Wirklichkeit in deinem Kindsein wurde wahrscheinlich nicht erkannt und gewürdigt. Sie wurde durch die verstellte eigene Wirklichkeit deiner Eltern an dich weitergegeben. Und so geht es weiter, von Generation zu Generation. Die Weitergabe der oft gleichen Probleme geschehen zumeist unbewusst, gerne auch mit Schuld behaftet und auf Vererbung geschoben. Mit diesen Gedanken und Worten hast du die Möglichkeit zur Reflexion. Spür in dich hinein: Ist es wahr für dich, was ich sage? Ich bin mir ganz sicher, dass du fühlst, was gerade in diesem Augenblick für dich wichtig und richtig ist. Nimm dich wahr in deinem Sein! Das ist jetzt und hier deine Wirklichkeit.

Der Eltern-ICH-Zustand in dir hat sich durch unterschiedliche Erfahrungen geformt, wie zum Beispiel:

- die Kommunikationskultur in deiner Familie,
- den Umgang mit Gefühlen,

- die Werte und Normen von Familie/Kultur,
- Glaubenssätze,
- die Einstellung zum Sinn des Lebens,
- den Umgang mit Lebensmitteln/ Essgewohnheiten
- den Umgang mit und die Einstellung zur Natur,
- politische Einstellungen,
- den Bezug zu Kirche und Spiritualität

und vieles mehr! Natürlich gibt es übernommene Strukturen mit bereichernden Inhalten der Eltern, die wichtig für mein Leben sind. Das Gesamtkonstrukt ist jedoch viel zu komplex, um das alles auszuführen. Ganz einfach kann ich es ausdrücken, wenn ich an meine Gefühle denke. Fühle ich mich frei, wertgeschätzt, geliebt, sicher und geborgen, so ist es ein Teil des Eltern-Ichs, der fürsorglich und nähernd für mich ist. Sollte ich mich ängstlich, eingeschüchtert, ungeliebt, ohnmächtig und nicht wahrgenommen fühlen, dann wirkt gerade das kritische Eltern-Ich. Damit fühle ich mich nicht wohl, mein Erwachsenen-Ich, meine eigene Wirklichkeit, trübt sich, meine kleine gewachsene Autonomie knickt ein.

Hast du das schon gewusst und kannst erfühlen, was ich damit meine? Ist es nicht verrückt, dass so viele Eltern das noch immer nicht wissen, obwohl Eric Berne diese Methode schon vor über hundert Jahren in die Welt brachte? Bist du bereit, dich auf das Abenteuer der neuen Kommunikation auf Herzebene mit mir einzulassen und auszuprobieren? Ich bin bereit und zeige dir mit meiner Reaktion, wie es mir geht.

Ich bin überzeugt davon, dass du auch einen Teil in dir wahrnehmen kannst, der von dem kritischen Eltern-Ich getrübt ist. Er kann geprägt sein von Verboten, Abwertungen, Glaubenssätzen, die du in deinem sozialen Umfeld erfahren hast, wie Eltern, Geschwister, Großeltern, Erzieher, Lehrer, Nachbarn, Partner, Freunde. Nun hast du die Chance, die Gefühle in deinem Erwachsenendasein ernst zu nehmen und Mitgefühl mit deinem verletzten inneren Kind zu haben. Hast du schon mal von dem inneren Kind gehört? Es ist das Kind in dir, das du physisch nicht mehr sehen kannst, doch es ist noch da! Du fühlst es bestimmt jeden Tag. Ich erkenne und spüre dein inneres Kind – immer, wenn wir Spaß miteinander haben, rumtollen und fröhlich sind. Allerdings nehme ich auch dein trauriges inneres Kind wahr, das sich emotional verletzt fühlt. Aus Liebe zu dir halte ich dir öfter mal den Spiegel deines verletzten Kindes vor. Ich bin dann vielleicht traurig, wütend, trotzig, stur oder, oder...

In diesem Spiegel kannst du erkennen, wie verletzt du damals vielleicht schon warst. Du hattest in mancher Situation keine Ausdrucksmöglichkeit, fühltest dich hilflos und ohnmächtig. Über dein Erkennen und Mit-fühlen besteht die Möglichkeit, dass alte Blockierungen sich auflösen und sich deine eigene Wirklichkeit mehr und mehr zeigt, sodass sie die Selbstliebe stärkt.

Angrenzend an meinen grünen Kreis ist „unter" mir der Kind-Ich-Zustand mit der sonnigen gelben Ausstrahlung. So wie ich zur Welt gekommen bin – wie eine aufgehende Sonne, die mit ihrem Licht und ihrer Wärme neues Leben bringt. Ich strahle als Baby diese Helligkeit und Reinheit der Liebe aus.

Alte Überlieferungen verunsichern viele Eltern immer noch und lassen sie glauben, dass ein Neugeborenes schon verwöhnt werden könnte und es mit seinem Schreien durch Manipulation Zuwendung ergaunern will. Ich spreche nun für alle Babys dieser Welt: Wir kommunizieren in den ersten Monaten über Körpersprache und verbalen Ausdruck, das Schreien zum Beispiel. Es ist unsere erste Möglichkeit, uns euch mitzuteilen. Schade ist nur, dass diese Erkenntnis bis heute noch zu wenige Eltern erreicht hat.

Ich bin ein Teil von dir, Mama, Papa, ein Teil von deinem/eurem Körper, Geist und deiner Seele. Und das zeige ich euch auch im Schreien. Ich schreie nach körperlicher Nähe oder habe Hunger. Vielleicht ist mir auch langweilig oder ich möchte nur deine Stimme hören, dich riechen. Es kann auch sein, dass mir etwas wehtut oder dass ich deine Überforderung spüre, weil du Angst um mich hast. Wichtig ist, dass du mein Schreien ernst nimmst. Es sind unausgesprochene Worte, die aus Bedürfnissen und Emotionen entstehen.

Mir ist schon klar, dass es nicht leicht für dich ist, zu erkennen, was ich brauche. Deshalb ist deine Intuition gefragt. Was fühlst du, was ich dir sagen will? Sei ehrlich zu dir und zu mir. Ich reagiere auf Klarheit und Wahrheit, denn die kann nur aus dem Herzen kommen, in Verbindung mit der Ehrlichkeit zu dir selbst. Und wenn ich dir auch mal zu viel werde, du übermüdet bist oder was auch immer, sag es mir, denn ich fühle es sowieso.

In dem Moment, wo du mir diese Gedanken in absoluter Liebe und Ehrlichkeit mitteilst, wird es für uns beide viel leichter. Ich freue mich, wenn du es mal ausprobierst. :-) Danke für deinen Mut und dein Vertrauen zu mir! In meinem Kind-Ich-Zustand erwachsen wunderbare Eigenschaften, die mich durch das Leben tragen, wie zum Beispiel Kreativität oder Kooperation. Das freie Kind, das ich bin, in Freude, mitfühlend, neugierig, begeisterungsfähig, spontan, mit freiem Geist, möchte Ausdruck finden und sich geliebt und respektiert fühlen.

Die Natürlichkeit in mir – als Teil der Natur – habe ich mit in diese Welt gebracht. Sie trägt das Urvertrauen und die Zuversicht in sich. Sie gibt sich bedingungslos in die Hände und Arme der Eltern, in dem Glauben, dass alles im Guten geschehen wird. Und so ist es auch, das weiß ich, liebe Mama und lieber Papa, dass ihr beide immer nur das Beste für mich wollt. Wahrscheinlich seid ihr manchmal selbst ganz erschrocken darüber, dass ihr gegen eure Absichten und Überzeugungen handelt.

Das ursprüngliche freie Kind in mir, in seiner Natürlichkeit, wird oft in der eigenen Freiheit beschnitten, weil ich abhängig von euch bin, von euren Handlungen, Bewertungen, eurer Liebe, den Aussagen darüber, was richtig und falsch ist, abhängig davon, was ihr mir vorlebt. Sollte ich fröhlich durch die Wohnung hüpfen, tanzen und springen, aus Freude und dabei einen Gegenstand zerdeppern, weil ich ihn in meinem Überschwang berührt habe und er auf den Fliesen gelandet ist, werden durch dich Weichen für mein Leben gestellt. Das ist dir bestimmt nicht in diesem Umfang bewusst. Hier entscheidet sich, ob meine Freiheit beschränkt und getrübt, mit Schuld durchzogen wird, oder ob sie weiter bestehen kann, mit einem Quäntchen mehr Achtsamkeit. Mein sonniges Gemüt wird sozusagen mit einer dunklen Wolke in Unsicherheit gebettet. Die Kommunikation zwischen uns und deine Erfahrungen aus der Kindheit geben hier den Ton an für meine Freude und Freiheit. Wird mein Lebenslied eher schräge Töne mit Unsicherheit und Überanpassung haben oder leicht, beschwingt und fröhlich sein?Ich bemerke ganz schnell den Unterschied, ob du sauer auf mich bist oder gelassen – mich lässt. Es kann sein, dass dir meine Freude zu viel war oder ich etwas kaputt gemacht habe. Mir ist so wichtig, dass du weißt und verstehst, dass ich auf keinen Fall aus Absicht unsere Herzverbindung zerstören will – ganz im Gegenteil, ich suche sie!

Manuela sagt dazu:

Lebendigkeit, Freude, Kreativität, Herzlichkeit, Begeisterung, Zufriedenheit, Glücklichsein ... Wann haben Sie sich zum letzten Mal so gefühlt, so frei in Ihrem Sein? Vielleicht erleben Sie Ihr eigenes Kind so, welches diese Freiheit verkörpert? Wie ist das freie Kind? Was bedeutet es, frei zu sein? Frei für was und für wen? Für mich gibt es eine äußere und eine innere Freiheit. Im Außen gibt es augenscheinlich doch viele Freiheiten für ein Kind ...

Was denken Sie darüber? In Deutschland werden unsere Kinder frei geboren; es gibt keinen Krieg, keinen Kommunismus, keine Diktatur, keinen äußeren Kampf. Doch ganz ehrlich, wie viele Kämpfe fechten wir als Eltern/ Partner im Alltag innerlich mit uns selbst aus? In der Reflexion mit sich selbst und dem Mut zum Hinschauen glaube ich, dass jeder seine eigenen inneren Kriege führt. „Heute konnte ich wieder keinem gerecht werden. Nicht meinem Kind, Partner und schon gar nicht mir selbst. Ich fühle mich als schlechte Mutter / schlechter Vater. Ich muss mich ändern." „Ist meine Erziehung richtig oder falsch?" „Bin ich zu egoistisch oder sollte ich mehr Zeit mit der Familie verbringen? Doch mein Chef hat auch noch Erwartungen an mich. Und was ist, wenn ich meinen Job verliere?"

Diese oder ähnliche innere Auseinandersetzungen kennen viele Menschen. Nur, wem sind diese Wortgefechte, die im Unterbewusstsein geschlagen werden, schon bewusst? Das zeugt von keiner inneren Freiheit. Welche Eltern wünschen sich nicht von ganzem Herzen ein Kind, das mit Leichtigkeit und Freude seinen Tag verbringt? Sorry, Sie kennen es schon: Kinder lernen am Modell. Natürlich ist nicht jeder Tag gleich. „Friede, Freude, Eierkuchen" vorzuleben, ist auch keine Lösung. Ich finde, dass Kommunikation einen großen Beitrag zur Freiheit schafft. Sprechen Sie über Ihre inneren Kämpfe, wie zum Beispiel: „Ich möchte gerne viel öfter etwas mit dir unternehmen", „Ich fühle mich hin- und hergerissen", „Mein Chef will, dass ich länger arbeite, weil es so viel zu tun gibt", „Was hältst du davon, wenn wir am Samstag-

nachmittag gemeinsam etwas unternehmen?"So könnte ein Vater / eine Mutter gegenüber einem Vorschulkind die Situation und den inneren Kampf aussprechen, sie ihm erklären. Vielleicht erscheint Ihnen dieses Aussprechen gar nicht so relevant. Meiner Erfahrung nach gibt es dem Kind jedoch insofern die Freiheit, weil es Ihre unausgesprochene Auseinandersetzung ohnehin spürt.

Es kann das, was es fühlt, nicht benennen und hat keine Worte dafür. Also wird es mit unterschiedlichem Verhalten dem Ausdruck verleihen, was nicht greifbar ist. Es macht vielleicht auf sich aufmerksam, indem es immer wieder stört, wenn Sie sich mit jemandem unterhalten, oder das Einschlafritual zieht sich ewig hin, das Kind wacht nachts oft auf. Die Verhaltensmuster können sehr vielfältig sein. Das freie und freudige Kind büßt seine Freiheit durch Unsicherheit ein.

Sie können sich selbst und Ihrem Kind mit der We:komm zu mehr innerer Freiheit verhelfen. Ich bin sicher, dass Sie Unterschiede feststellen, sollten Sie die aufgezeigten Möglichkeiten ausprobieren. So ganz nebenbei haben Sie die Chance, auch Ihr freies inneres Kind zu entdecken. Kämpft es noch in Ihnen, um von Ihnen Aufmerksamkeit und Anerkennung zu bekommen? Ich werde den Augenblick in guter und dankbarer Erinnerung behalten, als ich in meinem Herzen spürte, dass die Freiheit in mir ist und nur ich selbst mein inneres Kind an die Hand nehmen kann, es beschützen und lieben, um so die Freiheit zu spüren. Es ist ein Weg, auf dem es sich zu gehen lohnt. Der Weg ist Ihr Ziel ... Ein abgedroschener Spruch, doch tief in der Wahrheit!

4.2 Eigene Wirklichkeit

Manuela sagt dazu:

Ich habe nicht das Gefühl, dass das Kind zu diesem Kapitel etwas zu sagen hat. Ich bin überzeugt davon, dass Kinder in den ersten sechs bis sieben Lebensjahren in ihrer eigenen Wirklichkeit sind. Sie handeln aus ihrem Herzen heraus, frei von der Absicht der Manipulation oder Provokation, geben dem Augenblick ihren emotionalen Ausdruck. Sie erfahren sich mit ihren Wünschen, Bedürfnissen und dadurch, wie ihre Umwelt darauf reagiert. Fühlen sie sich wahr- und ernst genommen, geliebt und wertgeschätzt und erleben eine gesunde Bindung zu ihren Bezugspersonen, hat ihre eigene Wirklichkeit ein stabiles Fundament. Ist dies nicht der Fall, wird mit der Entwicklung des logischen Denkens die Tendenz, das Leben mehr mit dem Kopf zu gestalten, von Jahr zu Jahr größer.

Das Wenn-Dann ermöglicht Manipulation, um zum Beispiel Anerkennung zu bekommen (Entscheidungsfindung). „Wenn ich jetzt sofort meine Hausaufgaben mache, dann findet Mama/Papa das ganz super und ich kann dafür schneller mein Computerspiel spielen." In diesem Beispiel spürt das Kind nicht, was seine eigene Wirklichkeit braucht, sondern sucht nach Ablenkung. Es könnte sein, dass ihm Ruhe guttut oder von dem Erlebten in der Schule zu erzählen. Es ist hier schwierig, Beispiele aufzuzeigen, da sie doch meistens aus dem Kontext gerissen sind. Was ich Ihnen gerne vermitteln möchte, ist, dass auch die eigene Wirklichkeit der Kinder getrübt sein kann durch das kritische Eltern-ICH oder das angepasste Kind-ICH.

Mir ist in meinem sozialen Umfeld noch niemand begegnet, bei dem es nicht genau so war. Das finde ich nicht schlimm. Das ist Leben. Ich habe mich entschieden, mich zu finden – die, die ich wirklich bin und war. Dabei ist mir We:komm eine große Unterstützung. Ich war so erfreut darüber, zu entdecken, dass wir alle diese eigene Wirklichkeit in uns tragen, obwohl sie vielleicht verschüttet ist durch das Erlebte. Jeder hat die Chance, sie wieder auszubuddeln. Das ist für mich einer der Gründe, diese Zeilen zu schreiben, damit viele Menschen daran teilhaben können. Ich möchte Mut machen, sich alltäglichen Herausforderungen zu stellen und diese zu hinterfragen: „Was ist gerade Realität? Was hat die Situation jetzt mit meiner eigenen Wirklichkeit zu tun? Spiegelt sie meine verdrängte Wirklichkeit, das Kind, das ich einmal war? Bin ich bereit, heute zu handeln und Verantwortung zu übernehmen, wozu ich als Kind nicht in der Lage war?"

Meine Beobachtung ist, dass die meisten Menschen gelernt haben, ihre Probleme auf andere zu projizieren. Das Schlimme daran ist, dass es die ganz Welt tut –die Werbung, die Politik samt Politikern, die Länder gegeneinander, die Arbeitgeber und Arbeitnehmer, Erzieher, Lehrer, Eltern, Schulmedizin, Alternativmedizin ... Diese Aufzählung könnte ich noch weiter fortsetzen. Seit Jahrzehnten übe ich mich darin, nicht zu bewerten oder zu projizieren, und weiß, wie tief dieses Verhaltensmuster sitzt. Ganz besonders der Bindungsmangel in Gleichheit, Zu-

gehörigkeit, Bedeutsamkeit trägt dazu bei. Wer sucht nicht nach dem Wir-Gefühl? Es ist mir nicht unbekannt, wie zäh sich der fehlersuchende Teil, ob bei sich selbst oder bei anderen, über die Herzenergie der eigenen Wirklichkeit legt. Inzwischen folge ich meinem Herzen und fühle meistens meine eigene Wirklichkeit, spüre, wenn ich in ein Drama-Dreieck geraten bin, und bin dankbar für meine Bewusstheit, sodass ich etwas verändern kann.

Ehrlich gesagt hätte ich mich nicht getraut, dieses Buch zu schreiben, wenn ich nicht selbst die Kommunikation aus der eigenen Wirklichkeit heraus (50/50-Haltung) seit Jahren leben würde. Ganz wichtig ist dabei – das sage ich auch den Teilnehmern meiner Seminare und meinen Klienten –: „Versucht nicht, We:komm perfekt zu leben! Wir sind alle Menschen und das soll auch so sein! Es geht um die Bewusstheit, sie ist ein Werkzeug! Es geht darum, sich bewusst zu werden über die Möglichkeiten der Eigenverantwortung und des Handelns. Kein Mensch ist perfekt." Die eigene Wirklichkeit geht mit der ICH-Sprache einher. So kommunizieren Sie Ihre Wahrnehmung in Bezug auf die Gegebenheit mit Ihren Gefühlen und aus der Beobachtung heraus. Trauen Sie sich und Ihrer eigenen Wirklichkeit! Erproben Sie ihre Wirkung und spüren Sie, was sich verändert. Ich wünsche Ihnen von Herzen, dass Sie mutig und vertrauensvoll die Lebendigkeit und Freiheit in Ihrer eigenen Wirklichkeit wiederfinden.

4.3 ICH-Sprache

Die ICH-Sprache, so nenne ich sie, bringe ich auch mit auf diese Erde. Es ist die Herzsprache in Wahrheit und Klarheit im Hier und Jetzt. Ich bin in die Familie und unsere sozialen Kontakte eingebettet und erfahre mich als ICH BIN, mein Sein. Meine ersten Worte, Mama – Papa, berühren dich/euch. Irgendwann fange ich an Zwei-Wort-Sätze zu sprechen. Später hörst du mich sagen: „Ich will", „Ich will ein Brot" zum Beispiel. Ich erfahre mich in der Gegenwart mit meinen Gefühlen und Bedürfnissen und spreche sie aus, indem ich sage: „Ich will spielen." Das ist meine Realität, mit meinem Gefühl und dem Ausdruck meines Bedürfnisses.

Deine Kommunikation erlebe ich oft anders. Du sagst zu mir vielleicht: „Räum dein Zimmer auf." Meistens erreicht mich deine Aufforderung nicht, weil ich so ins Spiel vertieft bin. Das ist allerdings nicht die ganze Wahrheit. Meine Realität ist: Ich will spielen. Du bist in deiner Realität, willst, dass ich mein Zimmer aufräume. Und beide Situationen haben ihre Berechtigung. ☺

Glaubst du, dass ich jetzt mein Zimmer aufräumen will? Im Grunde kannst du mich ganz einfach erreichen, indem du mit mir aus deiner Realität heraus sprichst, mit deiner ICH-Sprache. Ist dir unter Umständen noch gar nicht aufgefallen, dass du verlernt hast, deine Bedürfnisse auszusprechen? Ich bin im Spiel und du willst, dass ich mein Zimmer aufräume. Es hilft mir wirklich sehr, wenn du mich in diesen Situationen mit der ICH-Sprache begleitest. Für mich macht es einen großen Unterschied, aus deiner Wirklichkeit heraus zu hören: „**Ich möchte**, dass du dein Zimmer aufräumst." Weißt du, das ist die Realität, und wir sind in der Klarheit und Wahrheit angekommen, weil du wünschst, dass mein Zimmer aufgeräumt ist.

Und schon sind wir beide in der Herzsprache und dem grünen Feld der eigenen Wirklichkeit, deiner Wirklichkeit und meiner Wirklichkeit. Und gerade, wenn ich im Kleinkindalter bin und alles ausprobieren möchte, was ich noch nicht kenne, hilft mir die Kommunikation auf Augenhöhe sehr! Stell dir vor, ich entdecke mit etwa vier Jahren einen Zierbrunnen mit fließendem Wasser und habe Lust auf Matschen mit Wasser und Erde, weil ich neugierig bin, wie es sich anfühlt (Beispiel dazu im Kapitel 3 – Ungeteilte Aufmerksamkeit).

Mit der ICH-Sprache begegnen wir uns auf einer Augenhöhe und im Hier und Jetzt in der Realität. Immer noch wird sie als egoistisch betrachtet. Das ist sehr schade, denn was ist die Wirklichkeit, wenn wir miteinander sprechen? Du hast deine Wirklichkeit, Gefühle, Verhaltensmuster, Vorstellungen vom Leben und ich habe meine Wirklichkeit, die sich erst am Entwickeln ist, Erfahrungen machen will und sortiert : Was gehört zu mir, was gehört zu dir? Für mich fühlt es sich ehrlich und wahr an, wenn du sagst, du möchtest, dass ich nun aufräume. Und ich dir dazu auch sagen kann und darf, dass ich das nicht will.

Ich spüre meine Bedürfnisse, reagiere spontan auf mein augenblickliches Gefühl. Ob es dann gerade in unsere gemeinsame Wirklichkeit passt, wird sich aus unserem Respekt, unserer Akzeptanz und Toleranz füreinander ergeben. Zunächst entsteht ein verbaler Austausch aus dem Herzen, und das kann auch schon mal den Ausdruck von Ärger auf beiden Seiten bedeuten. Auch das ist die eigene Wirklichkeit, ein ehrliches Gefühl aus dem Herzen, frei von überstülpenden Emotionen aus der Vergangenheit. Nicht zu vergessen, dass du mein Lebensalter und meinen Entwicklungsstand in unsere Interaktionen mit einbeziehen solltest.

Mir tut es unendlich gut, wenn du von deiner Wirklichkeit sprichst. Was hält dich davon ab?

Öffne dein Herz, und schon sind wir wieder auf der FamilienInsel!

4.4 50:50-Haltung

Ich spüre ganz genau, wenn sich unsere Herzverbindung ändert. Ich suche sie Tag für Tag, Stunde um Stunde, Minute um Minute. Sie gibt mir Vertrauen, Liebe, Kraft und noch so viel mehr. Ich bin in dieser Beziehung sehr sensibel und reagiere sofort darauf. Mir fehlen nur oft die Worte dafür, damit du mich verstehen kannst. Es gibt eine Ebene, auf der wir uns ohne Worte verstehen. :-) Das ist der Ort der FamilienInsel_in unseren Herzen.

Ja, stell dir einfach vor, dass sich dein Herz und mein Herz verbinden. Hier fließt ein goldenes Licht von dir zu mir. Probiere es aus und gib nicht gleich auf, wenn es nicht so funktioniert, wie du es gerne hättest. Versuche es wieder und wieder, hab Geduld! Und das Schöne daran ist, dass wir beide völlig frei davon sind, was wir gerade tun oder wo wir uns in diesem Moment aufhalten.

Visualisiere mit dem goldenen Licht unsere Herzverbindung. Du wirst fühlen, dass wir beide Frieden, Ruhe und Gelassenheit spüren. Ich kenne diesen Zustand sowieso, denn ich habe ihn mitgebracht, so wie auch du bei deiner Geburt. Schade ist, dass er im Laufe der Kindheit verloren gehen kann. Be- und Verurteilung, Abwertung, Projektion, um nur einige Verhaltensmuster zu nennen, blockieren die Herzverbindung.

Aus diesen Gründen spreche ich zu dir – euch, damit ihr das, was ich sage, auf euch wirken lassen könnt, in eurem Tempo, nach eurem Glauben. Dass ihr erfahren könnt,

was für euch wahr und wahrhaftig ist und sich gut anfühlt. Es kostet nichts, außer den Mut und das Vertrauen,
sich auf Neues einzulassen. Ich glaube daran, dass ihr es
probieren werdet. ☺ Danke von Herzen!

Es ist nämlich so, dass ich bei der täglichen Suche nach
unserer Herzverbindung leer ausgehe, sollte ich euch
nicht erreichen. Es ist, als würde die Tür zur bedingungslosen Liebe verschlossen bleiben, obwohl sie uns heilt,
trägt und verbindet! Daraus entsteht bei mir ein Mangel
an reiner Liebe. Ich werde alles tun, um diesen auszugleichen, werde Überlebensmuster in mein Verhalten einwe-
ben, nur um geliebt zu werden. Ich lasse mich auf die
Brauchliebe ein, das weiß ich, doch es ist besser als Leere
im Herzen zu spüren.

Manuela sagt dazu:

*„Brauchliebe". Ich habe einmal folgendes Gedicht gele-
sen: „Ich liebe dich nicht, weil ich dich brauche. Ich
brauche dich, weil ich dich liebe!" Diese Worte habe ich
erst einmal lange in mir wirken lassen, bis ich spürte,
dass viele Menschen von Liebe sprechen und in Wirklichkeit die „Brauchliebe" leben. Sie lieben, um etwas für
ihre gelebte Liebe zu bekommen, erwarten, dass auch sie
im selben Maße geliebt werden, für das, was sie alles
aufgeben ... Nur für die Liebe.*

*In diesem Irrglauben hatte ich mich auch verstrickt, bis
mir bewusst wurde, dass die reine, bedingungslose Liebe
kein Aushandeln ist. Sie ist auch kein Geben und Nehmen,*

wovon so gerne gesprochen wird, damit sich etwas ausgleicht. Inzwischen finde ich die Begrifflichkeiten „Geben und Empfangen" passender.

Ich beobachte immer wieder neu, sowohl in meiner Praxis als auch privat, wie bedingungslos – also frei von Bedingungen – die Kinder uns von Geburt an ihre reine Liebe schenken, um unsere Liebe zu fangen, aufzufangen, zu empfangen. Die reine Liebe im Herzen ist frei von Erwartungen. Sie ist ehrlich, mutig und wahrhaftig. Ich kann mir gut vorstellen, dass Sie nun verwirrt sind oder sich fragen, wie das dann gehen soll. Verstehe ich. Auf *diesem Weg ist mir die We:komm ein hilfreiches Werkzeug, um die reine Liebe in mir zu finden. Es geht dabei um die 50:50-Haltung. Eric Berne spricht von „Ich bin okay. – du bist okay". Ich habe es in „50:50-Haltung" umbenannt. In meinen Beratungen, gerade in der Paarberatung, erlebe ich oft, dass ganz schnell eine Bewertung des Konflikts entsteht, nach dem Motto: „Ich habe weniger Schuld an dem Konflikt, weil mein Partner / meine Partnerin schlimmere Probleme hat."*

Mir wurde bewusst, dass die Okay-Haltung diesen Spielraum ermöglicht. Die 50:50-Haltung ist frei von Bewertung. Sie lässt sich gleichermaßen auf den Frieden ein. Nach der Methode der Transaktionsanalyse bedingen wir uns in der Kommunikation. Das heißt, dass unser Gegenüber unsere verletzten Anteile aus unserer Kindheit über die Kommunikation „triggern" kann. In Bruchteilen von Sekunden kann es sein, dass Sie sich plötzlich wie ein hilfloses, ohnmächtiges Kind fühlen. Ich bin mir sicher, dass es keine Absicht Ihres Gesprächspartners war, Sie aus Ihrer Mitte zu bringen, denn dieser hat ebenfalls seine übernommenen und erlernten Verhaltensmuster, die ihn aus dem Eltern-ICH-Zustand oder Kind-ICH-Zustand heraus kommunizieren lassen.

Gerade deshalb spreche ich von der 50:50-Haltung, weil jeder seine Verhaltensmuster mit in eine Beziehung bringt, und es ist völlig egal, ob der eine oder der andere eine schwierige Kindheit hatte. Meiner Erfahrung nach ist es möglich, an diesen Herausforderungen zu wachsen, das eigene innere Kind zu entdecken, ihm mitfühlend zu

begegnen, sodass es heilen kann.
50:50-Haltung ist für mich die reine Liebe. Sie fragt
nicht, wer schuld ist, sie bewertet nicht, sie ist einfach da.
Nach dieser reinen Liebe, der Herzverbindung, hungert
doch jeder von uns. Sie etwa nicht? Kennen Sie das,
wenn Sie in einer harmonischen Zeit mit Ihrem Kind sind
und ganz schnell die Herzverbindung – die Bindung reißt,
weil Sie sich plötzlich so genervt fühlen, da Sie schon
länger keine Lust haben, mit ihm zu spielen? Haben Sie
eventuell Ihre eigene Wirklichkeit verlassen, als sich Ihr
eigenes inneres Kind gemeldet hat, Sie vielleicht gerne
etwas für sich selbst tun wollten? Seien Sie ehrlich zu
sich selbst, gestehen Sie sich Ihre Bedürfnisse ein.

Vielleicht denken Sie gerade: „Einer muss sich doch mit
dem Kind beschäftigen." Ja, ich verstehe Ihren Einwand.
Das wird auch in der Realität so sein. Sie können es je-
doch aus der 50:50-Haltung heraus kommunizieren, also
keine „Brauchliebe" leben, denn das spürt Ihr Kind. Es
wird noch mehr Aufmerksamkeit einfordern. Aus dem
Herzen heraus können Sie ganz ehrlich sagen: „Ich weiß,
du möchtest gerne, dass ich noch mit dir spiele. Das ver-
stehe ich. Aber ganz ehrlich, ich habe jetzt keine Lust
mehr, dieses Spiel zu spielen. Ich habe dich sehr lieb,
doch gerade gefällt mir das Spiel nicht. Du kannst ja wei-
terspielen. Vielleicht magst du auch etwas anderes spie-
len."Ich finde es ganz wichtig, dass ein Kind lernt, auch
allein zu spielen, und frei sein kann in dem, was es tut.
Autonomie entsteht in freiem Handeln, Erfahren und Ent-
decken. Ihre Liebe zu Ihrem Kind stärkt sich nicht durch
die „Brauchliebe". Denn Ihr Kind lernt auch mit und

durch Ihr Handeln, Ihre authentischen Aussagen und kann beobachten, dass es einen Weg in die Selbstliebe gibt, den Sie vorleben. Selbstverständlich sind meine Empfehlungen aus dem Kontext gerissen und individuell zu betrachten. Ich möchte Sie erneut ermuntern, sich selbst und Ihre Gefühle zu reflektieren. Lassen Sie sich darauf ein, was Ihnen Ihr Kind aus der reinen Liebe heraus zeigt. Danke!

4.5 Drama-Dreieck

Ich kann mir sehr gut vorstellen, dass es manchmal nicht leicht für dich ist, mich zu verstehen. Das ist auch nicht ganz einfach. Gelegentlich weiß ich selbst nicht, was mir guttun könnte. In diesem Zusammenhang verstehst du vielleicht auch deine Eltern oder dich selbst, wenn dann auf beiden Seiten Hilflosigkeit herrscht. Zunächst hilft uns an dieser Stelle, ehrlich zum Gefühl „Ich bin hilflos" zu stehen und auch gegenseitig zu respektieren, dass wir gerade nicht weiterwissen. Ist doch nicht schlimm, oder? Wir müssen und können nicht perfekt sein! Ich nehme dich jeden Tag wieder neu in Liebe an, auch wenn ich mich nicht verstanden fühle oder nicht ernst genommen werde, oder, oder …

Jeder neue Tag ist wieder mit Liebe gefüllt, die dich und mich verbindet! Die Nähe und Distanz zu euch ist ein großes Thema für mich. Ich kann verstehen, dass es für euch eine Herausforderung ist, intuitiv zu erfassen, wie du mein Selbstvertrauen und meine Autonomie fördern und unterstützen kannst. Ich habe da auch keine Lösung oder Anweisung für euch und ich vertraue darauf, dass ihr ganz bestimmt fühlt, wie es euch mit der aktuellen Situation geht. Fühlt ihr euch wohl oder ärgerlich und verletzt?

„Mit eurer Besserwisserei eröffnen sich unsichtbare Drama-Dreiecke,
da dies als Abwertung meines Ausprobieren im Spiel bei mir ankommt.
Dies schwächt meinen Selbstwert und frustriert mich."

Manuela sagt dazu:

*Nähe- und Distanzkontrolle ist ein Thema, so glaube ich,
das jeder von uns kennt. Dieses Spiel mit Nähe und Distanz beginnt schon im Säuglingsalter. Erinnern Sie sich,
dass es eine Entwicklungsphase in diesem Alter gibt, die
„Fremdeln" genannt wird? Obwohl der Säugling sich auf*

Omas Arm von Anfang an wohlgefühlt hat, fängt er plötz-
lich an zu weinen, wenn er von der Oma gehalten wird.
Und wahrscheinlich verstehen Sie die Welt nicht mehr.
Sie fangen an zu zweifeln und überlegen, was wohl ge-
schehen sein mag, dass das Kind so reagiert.

Hier erleben Sie, wie schon Babys die Nähe kontrollieren
wollen, wo sie sich den Schutz der Eltern holen und si-
chern. Es ist wie ein Test: Verstehen meine Eltern, was
ich will, oder werde ich „abgegeben", obwohl ich mich
durch das Weinen abgrenze und damit Nein sage? Ich
kann Ihnen nur empfehlen, diese Reaktion zu respektie-
ren, denn sie geht vorüber. Mit Ihrem Respekt signalisie-
ren Sie Ihrem Kind Sicherheit und Schutz.

Erst durch meine langjährigen Erfahrungen und Weiter-
bildungen wurde mir immer bewusster, wie „schutzlos"
ein Säugling ist. Wie unbedarft die „süßen Kleinen" noch
viel zu oft wie eine Puppe aus dem Arm der Mutter, des
Vaters genommen werden. Ganz ehrlich, als mir klar
wurde, dass es dem Baby gegenüber respektlos ist, habe
ich mich dafür geschämt, dass ich es in der Zeit vor mei-
ner Bewusstheit für das Thema genauso gemacht habe.
Heute gehe ich ganz achtsam auf ein Baby, Kleinkind zu.
Dabei spielt es keine Rolle, ob es mein Enkel ist oder ein
fremdes Kind. In der Beobachtung versuche ich zu erken-
nen, wie das Kind auf mich reagiert – sieht es mich an,
dreht es sich weg? Mit seiner Körpersprache zeigt es, ob
es Nähe oder Distanz möchte.

Vor Kurzem machte sich ein Moderator darüber lustig, dass der Trend dahin geht, auch beim Windelwechseln mit dem Kind zu sprechen, um ihm zu erklären, was man tut. Gerade dann, wenn der Windelwechsel von fremden Personen durchgeführt wird, finde ich es sehr wichtig, diesen Vorgang sprachlich zu begleiten. Mit einer wertschätzenden Kommunikation entsteht Respekt, das Kind spürt über die Worte Zuwendung, fühlt sich ernst genommen und nicht ausgeliefert.

Die Kinderärztin Emmi Pikler (geb. 1902) war Pionierin der Säuglings- und Kleinkindpädagogik. In ihrem Konzept hat es einen großen Stellenwert, dem Kind zu vermitteln, dass es wichtig und wertvoll ist und seine Wünsche berechtigt sind. Ich finde, es ist an der Zeit, Kinder immer mehr als eine „kleine Persönlichkeit" anzuerkennen, mit dem Recht auf Respekt, Sicherheit und Schutz und ganz besonders dem Anrecht auf Liebe – sowohl auf die Liebe, die sie mitbringen, als auch auf die Herzbegegnung.

Um noch einmal auf Nähe und Distanz zurückzukommen: Es ist unglaublich, dass wir kaum auf der Welt sind und schon diese Nähe-Distanz-Kontrolle ausüben. Hier wird der Grundstein für spätere Beziehungen gelegt, die möglicherweise im Drama-Dreieck enden. Ich glaube, dass den meisten Menschen nicht bewusst ist, was sie täglich auf sich nehmen, um eine Bindung zu anderen Menschen zu haben oder sich vor Nähe zu schützen. Dies führt unweigerlich zu den Verstrickungen, welche eine authentische und damit verbindende Kommunikation verhindern.

„Wie wertvoll es sein kann, mit We:komm aus unsichtbaren Drama-Dreiecken eine Herzverbindung zu schaffen."

Wie auch immer – ich habe dieses Spiel jahrzehntelang gelebt und durchlitten. Heute bin ich tief dankbar für das Wissen und das Werkzeug, mich von dieser Last zu befreien. Es funktioniert und setzt Kraft und Energie frei. Es schafft ein selbstbestimmtes Leben. Wie wertvoll ist es doch, wenn es die Möglichkeit gibt, dem eigenen Kind die Drama-Dreiecke so gut wie möglich zu ersparen.

Manchmal kann es tatsächlich sein, dass ich eure Nähe will, doch mich in diesem Moment so abweisend verhalte, dass ihr niemals auf die Idee kommen würdet, mich in eure Arme zu nehmen. Das ist die Kontrolle meinerseits, aus Angst, verletzt zu werden. Jetzt bist du vielleicht irritiert, weil du weißt, dass du mich nicht verletzen willst. Doch kannst du dir vorstellen, dass ich sehr viel Aufmerksamkeit von dir brauche, wenn ich in den ersten Lebensjahren eine für mich völlig fremde Welt entdecke? Du hast das alles schon viele Jahre hinter dir. Ja, ich weiß, du bist immer noch neugierig auf Neues. Es freut mich, dass du dir das bewahrt hast. Doch ich glaube, dass du vorher auch durch viele Ängste gegangen bist. Ich brauche deine Geduld, wenn ich vielleicht zum ersten Mal mit meinen eigenen Füßen Waldboden betrete. Da hilft mir kein Trost von dir, kein „Du brauchst keine Angst haben".

Die Bäume, die mir riesengroß erscheinen, der Boden, der so wackelig und uneben ist, die Weite des Waldweges, die Insekten, die ich nicht kenne, das Rauschen des Windes in den Blättern, welches ich noch nie gehört habe – all das ist neu für mich und macht mich unsicher.

Hier brauche ich deine Geduld, dein Verständnis. Sollte ich weinen, wenn du mich auf den Boden stellst, heißt das nicht unbedingt, dass ich nicht laufen will. Vielleicht brauche ich die Nähe auf deinem Arm. Es hilft mir auch, wenn du dich zu mir herunterbeugst, wenn du mir auf einer Augenhöhe sagst: „Ich kann verstehen, dass dich die neue Umgebung unsicher macht. Ich bin bei dir und wir erkunden gemeinsam den Waldweg." Frage mich, ob ich an deiner Hand laufen will, und bekräftige, dass du da bist, um mich zu schützen. Du kannst mir erklären, was ich da sehe: Was ist Moos, wie heißt der Baum, wo führt der Weg hin? Und wenn du es nicht weißt, ist das für mich nicht schlimm. Sag mir einfach, dass du es nicht weißt, sprich mit mir! So spüre ich deine Nähe zu mir, fühle die Aufmerksamkeit mir gegenüber.

Ich kann dich gut verstehen, das ist keine einfache Angelegenheit in unserem Zusammensein. Denn ebenso kann das Gegenteil auftreten, wenn ich älter werde, mit nur etwa drei Jahren, dass ich ganz allein spielen und ausprobieren möchte. Mein Spiel heißt dann Versuch und Irrtum. Ich suche vielleicht nach Impulsen, die mich erfahren lassen, wie sich Gegenstände zueinander verhalten. Wie es zum Beispiel ist, wenn ich Steine aufeinander lege: Fallen sie herunter, brauche ich andere, sind sie zu groß, zu klein? Vielleicht ist dir gar nicht bewusst, dass in diesen Augenblicken entscheidende Weichen zu meinem Selbstvertrauen gestellt werden.

Wertschätzende Kommunikation kann ein Schlüssel sein, um meine eigene Wirklichkeit zu stärken. Kritische Aussagen durch Abwertungen oder ein besseres Wissen, das mir übergestülpt wird, bereiten mir Unbehagen, Unsicherheit und machen mir Angst. Diese wächst mit der Zeit in mir, zusammen mit dem Gefühl, dass ich nichts gut genug mache. Ich verliere die Lust am und die Neugier auf das Ausprobieren.
Ich bin noch zu klein, habe nicht die Worte, um dir mit-

zuteilen, was ich will. Doch ich kann meinen Gefühlen Ausdruck geben, in trotzigem, wütendem, traurigen oder anderem Verhalten. So „eröffne" ich das Drama-Dreieck in der Opferrolle, weil ich mich mit meinen Bedürfnissen nicht gesehen fühle. Sicherlich bist du dann ärgerlich auf mich, vielleicht auch hilflos, und steigst in unser „Spiel" des Drama-Dreiecks ein, indem du mich abwertest. Das kann so klingen: „Da gehe ich schon mit dir in den Wald und das ist auch nicht richtig. Was willst du überhaupt?"

Auch bei mir gibt es Tage, da bin ich mit mir im Unfrieden. Ich bin dann quengelig und weiß nicht, was ich will. Dann sei einfach nur da für mich, liebe mich auch mit dieser Seite meines Seins. Möglicherweise suchen wir beide dann gerade unseren inneren Frieden. Respekt und Akzeptanz, dass es gerade so ist, wie es ist, hilft auch! :-)

Manuela sagt dazu:

Für Kinder ist es nicht einfach, die Balance zu finden zwischen „Ich will das allein machen" und der Abnabelung von der Bezugsperson, die Sicherheit und Geborgenheit gibt. Auch für Eltern kann es dann nicht so leicht zu verstehen sein. Es fällt schwer, sich in das Kind einzufühlen und herauszufinden was es denn nun will. Hier sind Geduld und wieder einmal Reflexion und Kommunikation angesagt. Fühlen Sie mit dem Kind: Wie könnte es sich in dieser Situation aus seiner Perspektive empfinden? Schauen Sie sich das Konzept zum Drama-Dreieck an. Es kann Ihnen helfen, aus dem Drama auszusteigen.

Beispiel:
Sie gehen mit Ihrem dreijährigen Kind im Wald spazieren. Das Kind entdeckt einen großen Baumstamm, der am Boden liegt, und will darauf balancieren. Es läuft darauf zu und hat schon Schwierigkeiten, hinaufzuklettern. Das Kind ist frustriert. Seine Frustration äußert sich darin, dass es sich mit gesenktem Kopf entfernt. Durch die Beobachtung seiner Körpersprache erkennen Sie, dass Ihr Kind gerne auf den Baumstamm klettern will. Das Kind fühlt sich als Opfer der Situation (Körpersprache). Es hat noch nicht den nötigen Bezug zu seinen Gefühlen und wie es sie zum Ausdruck bringen kann. Mit den Worten: „Na, kannst du schon wieder nicht klettern? Du musst mal mehr essen, damit du kräftig genug wirst!", gehen Sie unbewusst ins Drama-Dreieck mit der Verfolger-Rolle. Durch Bewusstheit und Reflexion erkennen Sie bei Ihrem Kind, dass es etwas zum Ausdruck bringen will. Dabei können Sie ihm

behilflich sein: „Ich habe gesehen, du möchtest gern auf dem Baumstamm balancieren. Das kann ich gut verstehen. Ich bin sicher, dass du das kannst. Möchtest du, dass ich dir helfe?"

Hier zeigen Sie dem Kind, dass Sie es verstehen und ihm vertrauen. Sie können es auch unterstützen, indem Sie ihm anbieten, es beim nächsten Baumstamm oder auf dem Rückweg gemeinsam zu versuchen. In solchen banalen Alltagssituationen gibt es verschiedene Lernebenen:

- die Bindung verstärkt sich
- ich darf ausprobieren
- mehrere Möglichkeiten für Lösungen
- ich bin okay, wie ich bin
- ich muss kein Drama-Dreieck eingehen, um Nähe oder Distanz herzustellen

4.6 Entscheidungsfindung

Weißt du vielleicht, wann es begonnen hat, dass Eltern und Kind die Sprache des Herzens verloren haben? Wer hat die Entscheidung getroffen, sich von der Herzverbindung zu entfernen? Ich höre, dass viel zu oft abwertend und bewertend miteinander gesprochen wird. Findest du es nicht auch sehr seltsam, dass Eltern alte Kommunikationsmuster an ihre Kinder weitergeben, die sie selbst schon bei ihren Eltern gestört haben? Ich weiß, tief in deinem Inneren wolltest du das nie. Und doch verstehe ich es nicht, sich für ein System zu entscheiden, das nicht zum Besten für uns alle ist. Stattdessen wird es wie bei einem Staffellauf von Generation zu Generation weitergegeben. Da ist doch ein Fehler im ganzen System!

Du würdest doch niemals ein zweites Mal den gleichen Kuchen backen, bei dem du die Erfahrung machen musstest, dass die Zutaten dir nicht schmecken, oder? Was hält uns alle also davon ab, die Liebe, die bedingungslose Liebe in unserem Herzen, zu leben?Ich habe mich schon entschieden, als ich zu euch gekommen bin. Ich bin euer Spiegel. In mir seht ihr euch – dich! Solange mich das logische Denken nicht beherrscht, geschehen alle meine Handlungen aus der reinen Liebe heraus, und den Impulsen meines Entwicklungsprofessors. Wann wird es aufhören, dass ihr Erwachsenen euch bekämpft, bewertet und projiziert? In meinem Kleinkindalter habe ich keine andere Wahl als eure Art der Konfliktlösung nachzuahmen. Trefft ihr Entscheidungen aus Angst, werde ich diese Option wahrscheinlich übernehmen. Und somit dreht sich das Rad auch bei mir, in meinem Erwachsenenleben, so weiter.

Doch halt! Genau aus diesem Grund schreibe ich für euch meine Gedanken auf, in der Hoffnung, du kannst mich und auch dich selbst verstehen. Wahrscheinlich kannst du nun mehr Verständnis deinen Eltern gegenüber zeigen oder erkennen, wie wichtig doch die wertschätzende Kommunikation für die Gesellschaft ist. Wir können uns doch jeden Tag neu entscheiden, welchen Weg wir gehen wollen – den Weg der Angst oder den Weg der reinen Liebe. Dass wir uns langsam von der Brauchliebe verabschieden und einen Unterschied fühlen sollten zwischen „Ich liebe dich, weil ich dich brauche" und „Ich brauche dich, weil ich dich liebe". Letzteres bringt auf den Punkt, was ich dir sagen will: „Ich brauche dich, weil ich dich liebe." Um die wahre Liebe zu spüren und zu erfahren, brauche ich dich, damit wir uns im Herzen berühren können.

Deine Ehrlichkeit zu dir selbst hilft mir, das zu spüren und zu erleben. In der Ehrlichkeit spüre ich die Wahrheit, in der Wahrheit die Klarheit, in der Klarheit die Wertschätzung und Liebe. Mit deinen wahrhaftigen und ehrlichen Gefühlen, in deiner Wirklichkeit, ehrst und berührst du mich in meinem Herzen mit Respekt und Achtsamkeit. Ich kann mir gut vorstellen, dass du dich genau danach sehnst, aber Angst verspürst, dein Herz zu öffnen. Vielleicht bist du zu oft emotional verletzt worden.

Erkennst du die Angst vor der Angst, damit du nicht wieder diesen Schmerz spüren musst? Das kann ich so gut verstehen. Es ist für mich auf der einen Seite logisch, doch die Kehrseite der Medaille ist, dass wir einander dadurch verlieren. Ich werde lernen, dass es besser ist, mich aus Angst vor dem Herzschmerz zu schützen. Wenn ich dann älter werde, funktionieren wir als Eltern und Kind wie ein Uhrwerk. Die Tage, Monate, Jahre vergehen und wir wundern uns, weil wir uns so wenig zu sagen haben. Willst du das alles so? Ist das unsere gemeinsame Zukunft, deine Vorstellung von Familie, oder möchtest du mit mir auf der FamilienInsel leben?

Für mich ist es ganz klar – ich liebe dich und will auf die FamilienInsel. Fragst du dich gerade, wie du das machen kannst, da du spürst, dass du dein Herz weiter öffnen möchtest, deinen Gefühlen mehr Raum schenken möchtest? Ich lade dich ein, Folgendes einmal auszuprobieren: Mach ein Ritual daraus und schau mir fünfmal am Tag nur vier Sekunden lang in die Augen, lächle dazu und berühre mich kurz. Du wirst sehen und fühlen, ob wir dann inniger miteinander sind. Ist das nicht einen Versuch wert?

Ich bin bereit und freue mich riesig, wenn sich unsere Herzen in diesem Augenblick begegnen und sich positive, wärmende Energie zwischen uns beiden aufbaut, uns aktiviert und stärkt. Was hältst du davon? Glaub mir, es ist alles gut, wie es ist. Solltest du davon nicht überzeugt sein oder es als Unsinn empfinden, dann ist es auch okay für mich. Ich werde dich deshalb keinen Augenblick lang weniger lieben. Ich weiß tief in meinem Herzen, dass es dann seinen Sinn hat und alles gut ist! Danke, dass es dich gibt!

Was uns außerdem noch helfen kann, lass dir von Manuela erzählen. Sie erklärt dir, wie wir unsere Knebelverträge „Wenn … dann" und „Entweder … oder" lösen können.

Manuela sagt dazu:

„Die Entscheidungsfindung"… Ich finde unsere Sprache so wunderbar, weil sie bei genauer Betrachtung so viel aussagen kann. Wie kann man eine Entscheidung finden? Wovon muss man sich vorher scheiden, bevor die Entscheidung getroffen werden kann? Haben Sie sich schon einmal Gedanken darüber gemacht? Hat Ihnen in Ihrer kindlichen Entwicklung jemand gezeigt oder gesagt, was hilfreich ist, um zu einer Entscheidung zu kommen?

Bis zu meiner Weiterbildung war mir nicht bewusst, wie viele Instanzen in mir bei einer Entscheidung „das Sagen haben". Das kritische Eltern-Ich und das ängstliche Kind-Ich waren ganz bestimmt mit von der Partie. Die eigene Wirklichkeit wurde von diesen Stimmen übertönt. Ein wesentlicher Beitrag dazu waren die konditionierten „Knebelverträge". Diese Verstrickungen in sich selbst zu erkennen, kann unterstützend und klärend bei der Entscheidungsfindung sein.

Bei meinen Beobachtungen in Bezug auf die Kommunikation mit Kindern fielen mir besonders die „Wenn-dann"- und die „Entweder -oder"-Anweisung auf. Das Kind soll zwischen den Vorgaben von Erwachsenen entscheiden. In den meisten Fällen haben diese Entscheidungen mit dem realen Thema gar nichts zu tun.

Beispiele: „Wenn du jetzt nicht deine Hausaufgaben machst, dann hast du heute Fernsehverbot!" „Entweder machst du jetzt sofort dein Handy aus oder du kannst deine Verabredung mit deinem Freund vergessen!" Das Kind wird mit Ereignissen manipuliert, die ihm Spaß machen. Abgesehen davon, dass es eine Bestrafung ist, bleibt die Erfahrung im Unterbewusstsein: „Wenn ich nicht das tue, was andere von mir wollen, darf ich nicht das tun, was ich will und mir Spaß macht."

Können Sie sich nun vorstellen, wie einengend das im alltäglichen Leben sein kann? Es erscheint so unwichtig, doch auf die Häufigkeit bezogen können Bedürfnisse und Wünsche sich zu einem unterdrückten Knebel entwickeln. Entlarven Sie diese inneren Verträge in sich selbst. Das ist schon mal der erste Schritt, um sie nicht an Ihre Kinder weiterzugeben. Weiterhin empfehle ich Ihnen, die Entscheidungsfindung mit Ihren Kindern zu praktizieren. Ich zeige es Ihnen in einem Beispiel:

Ein dreijähriges Kind will seine Jacke nicht anziehen. Sie möchten mit ihm auf den Spielplatz, die Sonne scheint, doch es ist kälter geworden. Natürlich möchten Sie nicht, dass das Kind krank wird. Früher hätten Sie so etwas ge-

sagt wie: „Wenn du deine Jacke jetzt nicht anziehst, dann können wir nicht auf den Spielplatz gehen." Heute möchte ich Sie bitten, probieren Sie Folgendes aus:

„Ich kann verstehen, dass du deine Jacke nicht anziehen willst, weil die Sonne scheint. Doch es ist kälter geworden und mir ist wichtig, dass du gesund bleibst. Du hast jetzt zwei Möglichkeiten: Die erste Möglichkeit ist, du ziehst deine Jacke an und wir gehen auf den Spielplatz. Die zweite Möglichkeit ist, du ziehst deine Jacke nicht an und wir spielen zu Hause. Was willst du?"

Vielleicht möchten Sie darauf sagen: „Das ist doch das Gleiche wie ‚Wenn ... dann'." Ich gebe Ihnen recht, dass es im Moment diesen Anschein hat. Die fett gedruckte Aussage und Frage versetzt Sie und Ihr Kind auf eine Augenhöhe im positiven Sinne. Sie zeigen ihm damit, dass Sie respektvoll sein Bedürfnis wahrnehmen und erklären zudem, aus Ihrer eigenen Wirklichkeit heraus, warum es Ihnen wichtig ist, dass es die Jacke anzieht. Dadurch geben sie ihrem Kind die Entscheidungsfreiheit. Hinter Wenn-dann-Botschaften stecken oft Hilflosigkeit, Zeitmangel, Ohnmacht oder Sonstiges. Es kann sein, dass im Unterbewusstsein folgendes Programm abläuft: „Wenn das Kind keine Jacke anzieht und dann krank wird, kann ich nicht arbeiten gehen. Ich habe doch noch andere Termine. Wie soll ich das alles schaffen?"

In diesem Beispiel ist die Angst vor Überforderung der Antreiber für den Wenn-dann-Mechanismus. Bestimmt hat Ihr inneres Kind damit schon Erfahrung gemacht. In

*diesem Zusammenhang ist mir sehr wichtig zu erwähnen,
dass es bei der Entscheidungsfindung auf keinen Fall
darum geht, dass Ihr Kind alles entscheiden soll oder
kann! Das Kind braucht einen Bezug zur Handlung, damit es eine Entscheidung finden kann.*

*Ein Beispiel: Sie stehen beim Bäcker und fragen Ihr zwei-
jähriges Kind: „Wollen wir ein Haferbrot kaufen?" Sollte
das Kind noch kein Haferbrot geschmeckt, gesehen, er-
tastet haben, hat es keine Vorstellung davon, was mit der
Frage gemeint ist. Es ist überfordert damit. Deshalb achten Sie darauf, dass das Kind auch einen Bezug zum Gegenstand der gestellten Frage hat.*

*Da die Entscheidungsfindung die eigene Wirklichkeit an-
spricht, wird die Eigenverantwortung gestärkt und das
Kind macht die Erfahrung der Konsequenz. Sein Selbstvertrauen und Selbstbewusstsein wächst mit seinen Fähigkeiten zur Selbstbestimmtheit.
Hierzu habe ich ein wunderbares Beispiel aus meiner
Zeit als Erzieherin. Ich erlebte eine Situation mit den
Kindern, in der mir ganz deutlich gezeigt wurde, dass sie
in der Lage sind, mitzuentscheiden. Hier die Situation:*

*Einige Kinder spielten in der Puppenecke. Ich bat sie in
der Ich-Sprache, die Puppenecke aufzuräumen: „Ich
möchte, dass ihr jetzt die Puppenecke aufräumt. Wir wollen Mittagessen." An diesem Tag sagten sie, dass sie
nicht aufräumen wollen. Deshalb sprach ich die Kinder
mit der Entscheidungsfindung an: „Ich kann verstehen,
dass ihr noch gerne spielen wollt. Nun haben wir zwei*

Möglichkeiten: Die erste Möglichkeit ist, ihr räumt die Puppenecke auf und könnt morgen wieder dort spielen. Die zweite Möglichkeit ist, ich räume auf, doch dann könnt ihr morgen nicht dort spielen. Was wollt ihr?" Sie entschieden sich, nicht aufzuräumen. Ich habe sie in ihrer Entscheidung respektiert und machte selbst Ordnung. Am nächsten Morgen kamen die Kinder zur Tür herein und sagten ganz stolz und ohne Ärger: „Wir wissen, dass wir heute nicht in der Puppenecke spielen können."

Ich habe mich gefreut, als ich sah, wie unkompliziert die Kinder damit umgegangen sind, Verantwortung für ihre Handlungen zu übernehmen. Das zeigte mir, dass Respekt dem Kind und der Tatsache gegenüber, dass es einen eigenen Willen hat und mitbestimmen möchte, ein Schlüssel zur Wertschätzung ist. Ich finde, es ist bei den „Kleinen" nicht anders als bei uns „Großen": Wir wollen doch alle wahr- und ernst genommen werden in unseren Bedürfnissen und Wünschen – oder nicht?

Versuchen Sie es bei sich selbst einmal mit der Entscheidungsfindung, steigen Sie aus den inneren Knebelverträgen aus und geben Sie die Freiheit der Entscheidung an ihr inneres und äußeres Kind weiter. Der Erfolg kann sich schneller einstellen als Sie glauben. Spätestens bei der Frage Ihres Kindes an Sie: „Mama, du hast jetzt zwei Möglichkeiten ..." ☺

4.7 Worte sind Energie

Ich höre Worte von euch Erwachsenen, die für mich be-
fremdlich sind:

- Kinderkrippe
- Kindergarten
- Kinderhort

Mir ist schon klar, dass sie zum Ausdruck bringen sollen,
wo wir Kinder betreut und erzogen werden. Ihr habt euch
sicherlich etwas dabei gedacht, als diese Begriffe entstanden sind. Aus eurer Sicht ganz bestimmt schön und
stimmig. Doch passt die Begrifflichkeit wirklich zu uns
Kindern? Gerne möchte ich euch meine Gedanken dazu
mitteilen: Bei der Kinderkrippe denke ich zuerst an die
Krankheit „Grippe". Ich weiß, sie wird anders geschrie-
ben als die Kinderkrippe, und doch, bei dieser anderen
Krippe sehe ich das Jesuskind an Weihnachten in der
Krippe liegen, oder eine Futterkrippe im Wald für die
Rehe. Hat das etwas mit uns Kindern zu tun? Wir wollen
jeden Tag mehr und mehr autonom werden. Mein Gefühl
zur Krippe ist, dass ein Kind dort liegt, in der Krippe ...
und dann? Da finde ich eine Krabbelgruppe schon besser,
dort wird wenigstens gekrabbelt. Doch mal ganz ehrlich,
fühlt sich der Begriff „Kinderkrippe" für dich gut an?

Nun fragst du dich vielleicht, was ich damit sagen will.
Ich glaube, dass ich Energie fühle, die du nicht wahrnimmst. Auch Worte transportieren für mich Energie. Ich
lade dich ein zu einem kleinen Experiment. Probiere es

einfach mal aus: Schließe deine Augen und sprich die Worte „reine, bedingungslose Liebe" laut aus. Warte einen Moment und fühle, wie es dir damit geht. Dann sprich etwas Gegenteiliges aus, wie „Ich habe Angst" oder „Ich hasse …". Fühlst du einen Unterschied?

Wenn ja, wirst du verstehen, was ich mit der Kinderkrippe meine. Diese Krippe fühlt sich für mich so unbeweglich und freudlos an, ist keine leichte Energie für uns Kinder. Es ist vollkommen okay, falls du nichts fühlen kannst. Alles ist gut! Mir ist nur wichtig, dass du weißt, was ich alles fühlen kann. :-) Ich möchte gerne noch einmal zu dem Wort „Kinderkrippe" zurück-kommen. Vielleicht habe ich eure Gedanken angestoßen und ihr überlegt, wie der Ort heißen könnte, an dem ich mich – wir Kinder uns geborgen, sicher, frei und freudig fühlen. Wie wäre es mit Kinderfreude, Kinderlachen, Kind sein?

Ähnlich ist es auch mit dem Begriff „Kindergarten", und dort sind Erzieher/Erzieherinnen. Ein Garten also, in dem Gemüse und Blumen „gezogen" werden. Dürfen die jungen Knospen sich entfalten und frei wachsen, nach ihrem eigenen Zeitplan? Können sie sich der Sonne zuwenden oder werden sie in eine Richtung gelenkt, mit einer Rankhilfe?

Oh, ich merke gerade, das ist vielleicht echt kein schönes Bild für euch, wenn ihr daran denkt, dass eure Kinder so erzogen werden. Ich finde die Bezeichnung „Erzieherin" nicht mehr zeitgemäß. In diesem Wort steckt „ziehen". Ja bis heute wird an uns Kindern gezogen, in die eine oder andere Richtung. Doch wer weiß schon, welche die „richtige" ist! Jedes einzelne Kind hat eine individuelle Persönlichkeit, die einzigartig ist, mit einem ganz eigenen Familiensystem. Meinst du nicht auch, das sollte bei der Entwicklung jedes Kindes öfter mal in Augenschein genommen werden und Beachtung finden? Manchmal ist es sogar so, dass das Kind in viele Richtungen gezogen wird, wie zum Beispiel Ballett, Musik, Fußball, Yoga, Schwimmen, Reiten, Ergotherapie, Logopädie.

Um noch mehr Klarheit auszusprechen: Ich finde es wunderbar, dass es diese vielen Angebote für uns Kinder gibt! Meine Bitte ist jedoch, findet heraus, ob das Kind die Aktivität aus vollem Herzen möchte oder es aus unterschiedlichsten Gründen dorthin „gezogen" wird. Bei dem Wort „Kinderhort" fühle ich mich eingeengt und begrenzt. Was fühlst du? Möglicherweise hast du auch das Gefühl, dass das alles Wortklauberei ist. Das kann sein – ich möchte meinem Gefühl vertrauen und du darfst deinem Gefühl vertrauen. Ist es nicht schön, dass es keine Bewertung gibt, die sagt, was falsch und richtig ist? Es geht darum, zu respektieren, dass wir unterschiedlich fühlen dürfen, um einen gemeinsamen Weg zur FamilienInsel zu finden. Bist du bereit, mir dabei zu helfen und mich in meinen Gefühlen zu unterstützen? Glaubst du an mich und schlussendlich auch an dich?

Manuela sagt dazu:

Seit Jahren frage ich mich als Trainerin in wert-schätzender Kommunikation: Wer hat unsere Sprache aus dem

Herzen so verändert, dass sie vielmals unklar, bewertend und roh wirkt? Eine Antwort darauf habe ich bisher nicht gefunden. Ich kann Ihnen nur aus meiner Erfahrung heraus sagen, dass jeder von uns Redewendungen, Worte, Unworte, Floskeln im Sprachgebrauch benutzt, die allzu oft nichts mit der Realität zu tun haben. Ein kurzes Beispiel dazu:

„Immer lässt du deine Schuhe hier stehen!" Das kleine, scheinbar so unbedeutende Wort IMMER zerschlägt sofort eine Kommunikation auf Augenhöhe. Relativ einfach nachzuvollziehen ist der Ursprung, warum das so ist. Mit dem Wort IMMER verlassen Sie die Kommunikation aus der eigenen Wirklichkeit und der Realität. Denn IMMER heißt IMMER – 365 Tage im Jahr, Jahr für Jahr, eben unendlich. Also, wer lässt seine Schuhe schon immer und ewig dort stehen? Ist das wirklich so? Das ist keine Realität.

Ob Sie es wollen oder nicht, ob es Ihnen bewusst ist oder nicht, ich bin sicher, Sie fühlen sich mit einer IMMER-Aussage unwohl. Achten Sie im Alltag mal darauf, wie Sie sich mit diesem unausweichlichen IMMER fühlen. Ich war sprachlos, als mein Enkel mich mit seinen vier Jahren bei einem IMMER-Satz korrigierte. Er sagte: „Nein, das ist nicht immer so." Daran sehen Sie, dass auch ich als Kommunikationstrainerin nicht perfekt bin. Dafür sind diese „Unwörter" zu sehr im Gehirn konditioniert. Kinder haben eine realistische Wahrnehmung dazu. Ich kann Ihnen empfehlen, sich darüber bewusst zu werden, frei von dem Gedanken perfekt kommunizieren zu wollen, und den Alltag als Übungsfeld zu betrachten. Seien Sie geduldig mit sich selbst. Die Sicherheit beim Autofahren erlangten Sie bestimmt nicht mit dem Erhalt des Führerscheins.

Sind Sie ohne ‚Wenn und Aber‘, ohne ‚Entweder-oder‘ große geworden? Inzwischen nenne ich diese Redewendungen Knebelverträge. Was hatten wir als Kind für eine Wahl bei dieser Kommunikation? Hat sie Ihr Selbstwertgefühl und Selbstvertrauen gestärkt? In dem Kapitel Entscheidungsfindung können Sie eine Möglichkeit entdecken, diese Knebelverträge aufzulösen.

Kennen Sie die „Ja, aber"-Gespräche, in denen Sie das Gefühl haben, Sie rennen bei Ihrem Gesprächspartner gegen Wände? Da fühlen Sie richtig! Ja, aber ... „Aber" ist ein Ausdruck unbewusster Widerstände. Meistens nimmt die Person dies nicht wahr. Da diese Art und Weise der Kommunikation anstrengend sein kann und auch ein Drama-Dreieck eröffnet, kann ich Ihnen nur empfehlen, sich aus der eigenen Wirklichkeit heraus abzugrenzen. Ein Beispiel dazu: „Mir ist aufgefallen, dass du meine Lösungen (seien Sie vorsichtig mit den Worten Vorschläge/Ratschläge, denn sie können „Schläge" sein) sehr oft mit ‚Ja, aber‘ beantwortest. Das finde ich anstrengend. Kann es sein, dass du eine andere Unterstützung von mir brauchst? Vielleicht tut dir nur mein Hinhören gut? Was meinst du?"

Zu diesem Thema kann ich Ihnen ein sehr gutes Buch von Lelia Kühne de Haan empfehlen. Der Titel ist „Ja, aber

…". Dort finden Sie noch weitere Worte, die im Alltag Ihre Energie beeinflussen und Lösungswege, wie Sie das verändern können. Ich glaube daran, dass Worte Energie sind, und deshalb finde ich es so wunderbar, dass ich zuerst einmal mich selbst stärken kann. Beobachten Sie mal Ihre innere Kommunikation mit sich selbst. Wie oft sagen Sie sich: „Wenn ich die Wäsche gebügelt habe, dann gehe ich noch joggen" oder „Ich würde mir ja so gerne ein neues Auto kaufen, aber ich muss Geld verdienen, um die Familie zu ernähren."

Wer kennt diese inneren Dialoge nicht? Woher kennen Sie diese Sätze? Haben Ihre Eltern das Wenn-dann-, Entweder-oder-, Ja-aber-Drama-Dreieck an Sie weitergeleitet und Sie geben es direkt an Ihre Kinder weiter? Und möchten Sie das verändern? Ich will Sie nicht entmutigen, doch seien Sie sich klar darüber, dass Sie die Erfahrung machen werden, wie tief diese Redewendungen sitzen. Allein mit Ihrer Bewusstheit geschieht jedoch schon etwas: Sie werden achtsamer mit diesen Worten umgehen und finden die Unworte im Sprachgebrauch / dem Spiegel Ihres Kindes wieder. Sie erkennen darin die Entwicklung.

Ein weiteres Wort, welches für Unklarheit in der Kommunikation sorgt, ist „eigentlich". Da kann ich sagen, dass ich es geschafft habe, es aus meinem Wortschatz zu streichen, weil ich in mir klarer geworden bin – mit mir selbst und in Bezug auf mein inneres Kind. „Eigentlich – und ,uneigentlich'"?, frage ich inzwischen mein Gegenüber in einer Interaktion. „Eigentlich" ist ein Jein, keine klare Aussage, sagt nicht, was Sie wirklich wollen. Reflektieren Sie sich, wenn Ihnen „eigentlich" entwischt und fragen Sie sich selbst: „Was will ich denn wirklich?"

*Stellen Sie sich vor, Sie sagen zu Ihrem Kind: „Eigentlich wollte ich ja noch mit dir spielen, **aber** jetzt habe ich keine Zeit mehr. Wir verschieben es auf morgen." Können Sie sich vorstellen, dass Ihr Kind bei dieser Aussage wütend oder bockig wird? Unterschwellig könnte Folgendes in diesen Worten mitschwingen: „(Eigentlich) Ich will gar nicht mit dir spielen, (aber) weil ich auch mal Zeit für mich brauche." Diese unausgesprochene Botschaft spürt Ihr Kind und sie verwirrt es.*

Sie legt sich wie ein dumpfes Gefühl zwischen die Gesprächspartner und ist nicht greifbar. Sprechen Sie Ihre Wirklichkeit ehrlich, klar und wertschätzend aus: „Ich kann dich verstehen, dass du gerne noch mit mir spielen möchtest. Doch ehrlich gesagt habe ich keine Lust, weil ich so einen anstrengenden Tag hatte. Ich möchte gerne noch etwas für mich tun. Ist es okay für dich, wenn wir noch zehn Minuten kuscheln und ich dir ein Buch vorlese? Ich verspreche dir, dass wir morgen zusammen spielen."

Gehen Sie mit dem „Eigentlich" auf die Suche nach Ihrem inneren Kind. Was hat es sich nicht erlauben dürfen? Gefühle zu zeigen, Bedürfnisse auszusprechen, Wünsche zu äußern – geschweige denn zu leben? Eigentlich ☺ gar nicht so schwer.

Nun komme ich noch zu einem Wort, bei dem es sich lohnt, genauer hinzuschauen: Es lautet NICHT.

„Ich kann das nicht, weil ..."
„Ich bin nicht gut genug."
„Fall nicht hin!"
„Ich will nicht krank werden!"

Mit diesen Sätzen könnte ich Seiten füllen. Stimmen Sie mir da zu?
Übrigens finden Sie in dem „Ja, aber"-Buch ein Kapitel darüber. Zunächst möchte ich Ihnen die Kraft des NICHT nahebringen. Haben Sie als Kind gehört, dass Ihre Eltern zu Ihnen sagten: „Halte das Glas fest." Oder: „Bleib stehen." Dann gratuliere ich Ihnen, denn Ihr Unterbewusstsein hat klare Aussagen empfangen und gespeichert.

Haben Sie vielleicht bei sich selbst schon Situationen erlebt, bei denen Sie dachten: „Du darfst das nicht hinfallen lassen." Und? Ist der Gegenstand dann doch hingefallen und Sie dachten, „Das wusste ich doch gleich, dass mir das passiert?" Ich kenne diese Gedanken und auch ihre Auswirkungen. Welche „Zauberformel" steckt dahinter? Im Grunde wieder einmal sehr einfach: Die Konditionierungen machen es schwer, sich davon zu verabschieden.

Unser Unterbewusstsein kann weder Verneinungen registrieren noch darauf reagieren. Wieso ist das so? Studien haben gezeigt, dass wir im normalen Wachbewusstsein tatsächlich nur in etwa 5 % der Fälle wirklich „bei Be-

wusstsein" sind. Dies bedeutet, dass 95 % unserer Entscheidungen und Handlungen tatsächlich durch unbewusstes Handeln gesteuert werden. Anders gesagt: es sind die unbewussten Programmierungen, die den größten Teil unseres tatsächlichen Verhaltens ausmachen. Laut Bruce Lipton (amerikanischer Entwicklungsbiologe, geboren 21. Oktober 1944) wird unser Leben nicht von unseren bewussten Wünschen und Bestrebungen bestimmt, sondern von unbewussten Programmierungen ab frühester Kindheit.

Der Verstand ist so konzipiert, dass er innere Programme und Befürchtungen aufgreift und sie in die Realität umsetzt. Das Unterbewusstsein, also nicht denkend, ist ausschließlich gegenwartsbezogen. Gegensätzlich zu unserem Verstand, welcher im ständigen Abgleich von Zukunft und Vergangenheit ist. Verneinung sind nur in diesem Zusammenhang möglich, da es immer einen unbewussten indirekten Vergleich mit einer anderen Möglichkeit anstellt und voraussetzt
das heißt, dass bei einem Kleinkind, welches im Hier und Jetzt lebt, also in der Gegenwart, ein NICHT keine Reaktion hervorruft. Im Umkehrschluss bedeutet das: Sie sagen zu dem Kind: „Lass das Glas nicht fallen" oder „Du sollst nicht weglaufen." Im Unterbewusstsein des Kindes kommt an: „Lass das Glas fallen" und „Du sollst weglaufen."

Ist Ihnen schon aufgefallen, dass Ihr Kind häufig keine Reaktion auf verneinte Aufforderungen zeigt? Lassen Sie sich darauf ein, das NICHT wegzulassen und Sie werden *erstaunt über die Resonanz sein. Auch ich habe Zeit ge-braucht, um die Worte zu finden, um den Satz frei von NICHT zu formulieren. Genauso ist es, wenn Sie inner-lich denken: „Ich will jetzt nicht krank werden." Sagen Sie sich lieber: „Ich bin gesund."*

Selbstverständlich gibt es kein Leben frei von NICHT. Das Wörtchen NICHT hat seinen Platz und seine Berech-tigung im Vergleich mit anderen Möglichkeiten. Zum Bei-spiel: „Du kannst gerne morgen für eine Woche in den Urlaub fahren, doch dann können wir in zwei Tagen nicht zusammen auf die Hochzeit gehen." Ebenfalls sind Ver-neinungen unentbehrlich bei Entscheidungen. Fühlen Sie Ihre eigenen Bedürfnisse und Wünsche: „Was will ich?" – „Was will ich nicht?" In diesem Kontext der Ver-gleichsmöglichkeiten ist das NICHT ein guter Berater!

Das Unterbewusstsein ist eine sehr interessante und auf-schlussreiche Instanz. Auch hier kann ich Ihnen nur emp-fehlen, gehen Sie auf Expedition in sich selbst. Sie wer-den erstaunt sein, welche Erkenntnisse und Ressourcen Sie dort in Bezug auf Ihr inneres Kind finden.

Zum Abschluss dieses Kapitels möchte ich Ihnen einige weitere „Unwörter" anbieten und Sie schauen, ob Sie diesen im täglichen Leben weniger Aufmerksamkeit schenken können:

- immer
- wenn – dann
- eigentlich
- entweder – oder
- nicht
- nie
- schon wieder
- immer wieder
- niemals
- aber
- ja, aber
- dauernd

Gerne können Sie zusätzliche Unwörter ergänzen ... nehmen Sie es mit Humor! Bei dem Wort „**muss**" eröffnen Sie übrigens schon ein Drama-Dreieck mit sich selbst.

Sie haben die Wahl zu sagen:

„Ich muss jetzt einkaufen"
„Ich entscheide mich dafür einzukaufen"
„Ich will jetzt einkaufen."

Womit fühlen Sie sich leichter?

5. Gefühle
5.1 Angst

Die Angst ist ein Gefühl, das uns alle jeden Tag begleitet. Auch ich spüre sie manchmal. Ich weiß jedoch, dass sie kleiner wird, wenn wir uns ihrer bewusst sind. Und dafür brauche ich deine Hilfe! Unterstütze mich bitte dabei, zu erkennen, wie real meine Angst in der jeweiligen Situation ist. Gib der Angst einen Namen, da so viele unterschiedliche Ängste existieren. Dank deiner Bemühungen kann ich in meinem Erwachsenenleben angemessen damit umgehen. Ich habe gelernt, zu unterscheiden, wenn ich durch äußere Umstände mit Angst manipuliert werde. Das ist Freiheit für mich und für dich!

Stell dir vor, ich kann frei von Angst in die Schule gehen, weil ich mit dir und durch dich gelernt habe, dass mir niemand Angst machen kann. Zum Beispiel: „Wenn du nicht aufs Gymnasium gehst, dann bekommst du keine gute Arbeitsstelle und verdienst nicht genug Geld!" Weil ich schon als Kleinkind, dank dir, frei von diesen Knebelverträgen aufgewachsen bin, macht mir das keine Angst. Danke! Ich darf im angemessenen Rahmen meines Alters mitentscheiden und dadurch mein Selbstvertrauen und Selbstbewusstsein stärken (siehe Kapitel Entscheidungsfindung).

In der Pubertät bin ich auf der Suche nach meiner eigenen Identität. Ich schließe mich Gruppen an, um mich zu finden. In dieser Phase unterstützt mich eine gute Bindung (siehe Kapitel Bindungsarten) zu euch genauso wie meine Bewusstheit darüber, welchen Ängsten ich in der Gruppe ausgesetzt sein kann. Erkenne ich sie und habe gelernt, mich damit auseinanderzusetzen, bin ich frei in meinen Entscheidungen. So fühle ich mich nicht von einer Gruppe unter Druck gesetzt, sollte sie mir Angst machen, indem sie mich ausschließt oder abwertet.

Manuela sagt dazu:

Die Angst – wer kennt sie nicht? Wo kommt sie her, wo führt sie uns hin? Es gibt Angstforscher, Angststudien und Seminare, die anbieten, Flugangst oder Höhenangst zu bewältigen. Angst trägt sich von Generation zu Generation weiter, so lange, bis sich jemand mutig ihrer Gestalt stellt. Die Angst hat sehr viele Gesichter und stellenweise trägt sie auch eine Maske, damit sie unerkannt bleibt.

Die letzten Zeilen dieses Buches schreibe ich in der Corona Zeit, die schon in der siebenten Woche ist. Mein Gefühl ist, dass der Corona-Virus Angst heißt. Ich beobachte, wie sich die Angst vor Ansteckung und dem Tod so schnell verbreitet, dass fast jeder bereit ist, „gehorsam" zu sein. Es entsteht ein Drama-Dreieck von „Wenn du dich nicht an die Vorgaben hältst, dann zahlst du Strafe!" und „Entweder setzt du eine Maske auf oder du kannst nicht einkaufen gehen!"
Ich höre entsetzte Stimmen, die sagen: „Das ist doch nur

zu unserem eigenen Schutz. Und ich will auch niemanden anstecken oder angesteckt werden." Ja, das kann ich sehr gut verstehen. Auch mir ist es wichtig, dass meine Familie und ich gesund bleiben! Doch mit den Jahren meiner Erfahrung und persönlichen Entwicklung wurde mir bewusst, dass die Angst uns Menschen wie eine Geisel gefangen nimmt.

Die tiefe Angst vor Tod oder Verlust sitzt in uns allen – mehr oder weniger aktiv. Ich glaube, dass die Angst schon im Mutterleib „Raum bekommt" – die Angst der Eltern, ob es dem ungeborenen Kind gut geht, ob es gesund zur Welt kommt. Welche Mutter kennt das nicht? Ich möchte auf keinen Fall damit aussagen, dass diese Angst unnötig ist. Ich glaube, dass die Angst ihre Macht verlieren kann, indem sie uns bewusst wird und eine Zuordnung bekommt, wie: „Ich habe Angst vor der Geburt, dass ... weil ... "

Um auch hier wieder in der eigenen Wirklichkeit anzukommen, ist die Methode des „Realität-Checks", wie ich sie nenne, sehr hilfreich. Sich die Realität anzuschauen. Was ist Realität? Sind die Werte im Mutterpass in einem gesunden Bereich? Ist die Angst erst nach einem Gespräch mit einer Freundin aufgetreten, die von ihrer schweren Geburt erzählt hat? Gibt es körperliche Beschwerden? Gab es in der Familie Sorge um die Geburt oder schwierige Geburten im Allgemeinen?

Angst hat unterschiedliche Gesichter. Sie kann als Schutz unser Begleiter sein oder wie eine angezogene Hand-

bremse unser Leben steuern. Natürlich ist Angst bei der Überlegung, eine dreispurige Autobahn zu Fuß zu überqueren, angemessen. Stellt sich Angst bei einem Waldspaziergang ein, weil dort ja Wildschweine angreifen könnten, so ist es meiner Ansicht nach eine Angst, die sich verkleidet hat. Ja, es könnte Wildschweine dort geben, doch wie realistisch ist das?

Bei diesem Beispiel kommt die Angst wahrscheinlich aus der Vergangenheit. Ein weiteres Beispiel dazu: Sollte ein Kind ängstliche Eltern haben, die sich oft Sorgen um die Sicherheit ihres Kindes gemacht haben, wurde es durch die Angst und Besorgnis der Eltern verunsichert und es wurde ängstlich, verlor das natürliche Sich-trauen, Selbstvertrauen in sich selbst. Oft wurde Kind im Alltag von Sätzen wie diesen begleitet: „Wenn du auf den Baum kletterst, kannst du herunterfallen und dir die Knochen brechen. Wenn du barfuß im Gras läufst, bekommst du Zecken und dann wirst du krank. Wenn du die Böschung hochkletterst, dann machst du dich schmutzig."

Vielleicht werden Sie jetzt sagen: „Ich muss doch mein Kind vor diesen Gefahren schützen!" Da stimme ich Ihnen zu, nur mit einer Empfehlung meinerseits: Reflektieren Sie sich selbst – ist die Angst real? Kommt sie aus Ihrer Vergangenheit, weil schon Ihr inneres Kind damit aufgewachsen ist? Überprüfen Sie, wie viel Vorsicht Sie Ihrem Kind mitgeben möchten. Sehr hilfreich finde ich, miteinander zu sprechen.

Beispiel:

Sollten Sie spüren, dass Sie überängstlich sind, könnten Sie Folgendes sagen: „Ich spüre gerade, dass ich Angst um dich habe, weil du auf den Baum klettern willst. Ich weiß und habe schon beobachtet, wie toll du klettern kannst. Ich vertraue dir, dass du das gut machst."

Sprechen Sie mit Ihrem Kind, treffen Sie Absprachen, indem Sie ihm vertrauen, dass es nur so weit klettert, wie es sich sicher fühlt. Bauen Sie das Vertrauen zu Ihrem Kind auf, sodass es Zutrauen zu sich selbst bekommt, und widmen Sie sich Ihrem eigenen inneren Kind, das vielleicht Angst hat und auf Sie wartet. Es wird sehr dankbar sein und angstfreier werden.

Noch etwas: Wie ging es Ihnen als Kind, wenn die Erwachsenen zu Ihnen sagten: „Du brauchst keine Angst zu haben." War die Angst dann weg? Hat Sie diese Aussage in ein Gefühl von Sicherheit gebracht?
Nehmen Sie Ihr Kind ernst in seinen Empfindungen. Und wenn es Angst hat und Sie können das verstehen, so sprechen Sie es auch aus: „Ich kann verstehen, dass du jetzt Angst hast. Kann ich etwas tun, damit die Angst kleiner wird oder vielleicht verschwindet?" So ist es schon als Kleinkind möglich, zu lernen und zu erfahren, wie man der Gestalt Angst begegnen kann.

Im Erwachsenenleben der Angst zu begegnen, sie aus verschiedenen Ebenen zu betrachten und abzuschätzen, wie realistisch sie ist, macht innerlich frei. So ist es auch

möglich, aus dem archaischen Kampf-Flucht-Modus auszusteigen. Es schafft Rückgrat und Kraft, um in einer eigenen Entscheidung einen Standpunkt zu haben. Ich wünsche Ihnen, dass Sie Ihrer Angst begegnen, damit es um
Ihr Herz leichter wird. Spüren Sie die Erleichterung,
wenn Ihnen ein Stein vom Herzen fällt. Sie ist ein Türöff-
ner zur FamilienInsel.

5.2 Wut

Weißt du auch, dass die reine, bedingungslose Liebe alle Gefühle zeigt? Vielleicht kannst du mir nicht glauben, weil du gelernt und erfahren hast, dass man mit Wut nicht liebenswert ist. Jedes Gefühl hat seine Bedeutung, in vielerlei Hinsicht. Es gehört in den gezeigten Momenten zu dir und zu mir. Ich möchte etwas zum Ausdruck bringen mit meinem Verhalten, wofür ich keine Worte habe. Hilf mir, es zu „deuten", der Situation und dem Gefühl Bedeutung zu geben, für dich und für mich (50/50-Haltung). Erkenne deinen Anteil des Gefühls und verstehe meinen Anteil – schon sind wir in der Liebe, frei von Bedingungen. :-)

Manuela sagt dazu:

Ich habe einmal einen Vortrag gehalten, mit der Überschrift: „Wut tut gut und braucht Mut?" Wie steht es um Ihre Wut? Spüren Sie Ihre Wut? Unterdrücken Sie sie, platzen Sie mit Ihrer Wut heraus wie ein Vulkan, der ausbricht? Was haben Sie diesbezüglich gelernt? Wie wurde mit dem Gefühl Wut in Ihrer Herkunftsfamilie umgegangen? War die Wut ein gern gesehener Gast in Ihrem Haus, der auch etwas zu sagen hatte, oder wurde er trotz Sturmklingeln nicht hereingebeten?

Ich selbst habe meine Wut jahrelang mühsam wieder aus-
gegraben, weil ich sie nicht mehr spüren konnte. In meiner
Kindheit durften nur die Erwachsenen ihre Wut zeigen, die
dann oft auch noch an den Kindern ausgelassen wurde.
Das war einfach so! Dass Wut eine gesunde Kraft und mit
Lebensenergie gefüllte Emotion ist, habe ich erst im Laufe
meiner persönlichen Entwicklung erfahren. Schrittweise
lernte ich meine Wut kennen und verlor die Angst davor,
sie nicht kontrollieren zu können.

Ich kann gut verstehen, dass es sehr unangenehm und
peinlich sein kann, wenn sich beim Einkaufen das eigene
Kind in einem Wutausbruch auf den Boden wirft. Dazu
machen sich auch noch Hilflosigkeit und Ohnmacht breit,
die in dieser Situation alles noch verschlimmern. Kennen
Sie das auch? Ich glaube, dass die meisten Eltern diese
Szenen schon erlebt haben.

Wut ist nicht gesellschaftsfähig und wird viel zu oft mit
Gewalt in einen Topf geworfen. Ich glaube, das resultiert
daraus, dass die Wenigsten gelernt haben, mit dem Ge-
fühl Wut umzugehen. Wem ist schon bewusst, dass Wut
ein angemessenes Gefühl ist, wenn Grenzen überschritten
oder Bedürfnisse negiert werden?

Ein Beispiel dazu:

Ein vierjähriges Kind möchte gerne draußen spielen und
äußert diesen Wunsch auch. (Es ist ein Bedürfnis aus dem
Entwicklungsprofessor heraus, Wahrnehmung mit allen

Sinnen – neugierig auf neue Impulse zu sein.) Aus irgendwelchen Gründen ist es Ihnen nicht möglich, dem Bedürfnis des Kindes nachzugeben. Das Kind wird wütend und stampft mit den Füßen auf: „Nie gehst du mit mir raus!"

Oder ein Kind legt gerade das letzte Puzzleteil auf den Tisch, als das jüngere Geschwisterkind kommt und mit einer Handbewegung alle Puzzleteile vom Tisch fegt. Wahrscheinlich möchte das Geschwisterchen so zum Ausdruck bringen, dass es mitspielen möchte, und hat keine Worte dafür. Das ältere Kind wird wütend und schreit: „Jetzt hast du mir alles kaputt gemacht! Ich habe jetzt keine Lust mehr zu puzzeln!" Anhand dieser Situation haben viele Eltern gelernt, so etwas zu sagen, wie: „Dein kleiner Bruder hat es nicht so gemeint! Du bist schon groß und musst deshalb doch nicht wütend sein."
Doch! Das ältere Kind darf in dieser Situation wütend sein. Sein Bruder hat eine Grenze überschritten. Natürlich weiß ein Kind in diesem Alter das nicht, weil es nur die Bindung sucht und vielleicht mitspielen will (siehe Kapitel Bindungsarten). Diese Interaktion ist eine ganz banale Alltagssituation und doch so prägend und bedeutend im Erfahren und Lernen des Kindes, mit seinen Gefühlen umzugehen.

In diesem Beispiel können Sie beide Kinder mit We:komm unterstützen. Somit würdigen Sie die unterschiedlichen Bedürfnisse der Kinder und geben begleitend dazu den authentischen Gefühlen ihren Raum. Das könnte so klingen: „Ich verstehe, dass du jetzt wütend bist, weil dein jüngerer Bruder dich beim Puzzeln unterbrochen hat. Du darfst auch deine Wut zeigen, vielleicht mit den Füßen aufstampfen oder in das Kissen boxen. Ich glaube, dein Bruder wollte mit dir spielen. Weißt du, er hat noch nicht die Worte, um dich zu fragen." Und zu dem jüngeren Geschwisterkind hinwendend: „Ich habe das Gefühl, du willst mit deinem Bruder spielen, ist das so? Das verstehe ich gut. Schau, er hat mit dem Puzzle gespielt und ist gerade fertig damit, und jetzt muss er noch mal von vorne anfangen. Deshalb ist er wütend."

Meine Beispiele und Anregungen zur Kommunikation sind eher eindimensional und aus dem Kontext gerissen. Mir geht es darum, dass Sie ein Gefühl dafür bekommen, Situationen des Alltags aus einer anderen Perspektive und mit neuem Bewusstsein betrachten zu können.

Zurück zur Wut: Ich glaube daran, dass es möglich ist, Kinder in und mit ihrer Wut zu begleiten. Damit meine ich, dass sie lernen können, mit diesem Gefühl adäquat umzugehen, ohne dass es als „böse" deklariert wird. Die We:komm gibt Ihnen ein Werkzeug an die Hand, um sich selbst und Ihr Kind aus alten Glaubenssätzen und gesellschaftlichen Bewertungen zu befreien. Eltern stoßen oft an Grenzen in der Begleitung ihres Kindes. In meinen Beratungen erlebe ich immer wieder, dass sie ihr eigenes wütendes inneres Kind im Spiegel ihres Kindes erkennen. Diese Bewusstheit nimmt Spannung aus der Eltern-Kind-Beziehung. Die innere Freiheit der Gefühle und der adäquate Umgang damit schafft Frieden im Außen.

Die 50/50-Haltung unterstützt Sie auf diesem Weg. Es lohnt sich, im Erwachsenenleben verdrängte und eingeschlossene Wut aus der Vergangenheit zu „bearbeiten", da neue Kraft und Energie freigesetzt wird. Unterdrückte, nicht gefühlte Wut sucht sich einen Weg nach außen – und davon gibt es ganz unterschiedliche Ausdrucksformen. Es würde den Rahmen sprengen, hier aufzuzählen, in welchen Facetten sich die Wut zeigen kann. Eine davon ist die passive Aggression, die sich still und heimlich zeigt. Sie kann sich in Körpersprache wie Augenrollen, Zynismus oder mit verdeckter Botschaft in der Kommunikation äußern. Tatsache ist, dass sie ein Schritt ins Drama-Dreieck ist.

Haben Sie schon als Kind einen gesunden Umgang mit Ihren Gefühlen gelernt, ganz so wie Rechnen, Lesen, Schreiben? Konnten Sie Ihrem Kind ein Beispiel dafür sein, dass Wut auch seine Berechtigung hat, und diesem Gefühl Ausdruck geben? Erlebt das Kind in seinem sozialen Umfeld, dass Wut sich in Gewalt und Zerstörung äußert, wird es vielleicht diese Strategie adaptieren oder sie aus Angst vor dem eigenen Wutausbruch kontrollieren. Mit diesem Verhaltensmuster schwindet im Laufe der Jahre die Lebensenergie ganz langsam und leise. Eines Tages kommt die Wut durch die Hintertür in neuem Gewand und zeigt sich vielleicht in Form einer Depression.

Noch etwas sehr Wichtiges: Es kann auch sein, dass Ihr Kind die verdrängte Wut Ihres inneren Kindes spiegelt. Ein Alarmzeichen kann sein, wenn Ihr reales Kind sehr wütend ist und Sie sich hilflos und ohnmächtig fühlen. Reflektieren Sie sich, indem Sie sich fragen: Wer ist da gerade hilflos in Ihnen? Wo ist Ihre Wut aus der Vergangenheit? Werden Sie sich bewusst darüber, ob Sie Ihre Wut leben durften oder ob sie immer noch versteckt ist. Mit diesen Gedanken „entlasten" Sie die Situation, weil Ihr inneres Kind sich gesehen und Ihr reales Kind sich in der Spiegelung wahrgenommen fühlt, wenn auch nicht in einer Woche oder einem Monat. Haben Sie Geduld und Mut, auszuprobieren, ob das alles für Sie so stimmt, wie ich es sage. Stellen Sie sich vor, es würde funktionieren und Sie hätten es nie ausprobiert. Für mich ist es heute eine große Freiheit, dass ich wütend sein kann und darf und inzwischen den Mut habe, ihr Ausdruck zu verleihen. Mir ist bewusst, dass mein Gegenüber mich in meinen eigenen Spiegel schauen lässt. Das macht es mir leichter, meine Wut in einem angemessenen Umgang zu zeigen. Das heißt, dass ich im Gespräch dem anderen nicht die ganze unterdrückte Wut aus der Vergangenheit überstülpe.

Da ich auch nur ein Mensch bin, schieße ich schon mal über das Ziel hinaus und schütte die ganze Wut über dem anderen aus. Im gleichen Moment wird mir klar, dass das nicht fair war. Mit der 50/50-Haltung fühle ich mein inneres Kind und teile meinem Gesprächspartner mit, dass diese Wut zum größten Teil aus meiner Vergangenheit kommt und mit ihm nichts zu tun hat. In so einer Situation wird deutlich, wie viel Liebe und Respekt in der Beziehung Raum hat. Es ist sehr wertvoll, miteinander zu reflektieren und sich auch Gefühle zu erlauben, die nicht so harmonisch sind. Nur macht immer noch „der Ton die Musik".

5.3 Freude

Freude, Freude, Freude …
Freude kommt aus mir her-
aus, direkt aus meinem
Herzen. Ich spreche von
der authentischen Freude,
die spontan und ehrlich ist
und auch dein Herz be-
rührt. Wie ist es mit deiner
Freude? Begleitet sie dich
in deinem Alltag?

Freust du dich schon morgens beim Wachwerden auf den
neuen Tag? Bist du neugierig darauf, was auf dich wartet
und was du alles erleben darfst? Freust du dich auf mich?
Ich kann schon verstehen, dass das nicht jeden Tag so
sein kann, und mir ist klar, dass es Dinge in deinem Leben gibt, auf die du dich überhaupt nicht freust. Kann ich
echt verstehen. Doch weißt du, ich trage so viel Freude in
mir, dass ich dich gerne damit anstecken möchte. :-)
Meine Entwicklung ist so interessant und es gibt unglaublich viel Neues zu entdecken, sodass auch bei mir
die Freude groß ist, wenn ich schon wieder etwas Neues
erfahren und lernen durfte.

Ich freue mich zum Beispiel so sehr, wenn ich ganz allein
meine Schuhe anziehen kann oder dir beim Tischdecken
helfen darf. Und ach ja, die Freude ist auch ganz groß,
wenn ich mit dir mal „Quatsch" machen kann, wie To-
ben, Springen (vielleicht auch auf dem Sofa oder im Bett,
soll ja nicht immer sein :-)), Reimen, im Wasser plan-

schen oder sich mit Dreck bewerfen. Das ist wirklich toll, und stell dir vor, dann freut sich auch dein inneres Kind, weil es wieder einmal frei sein darf. Freude ist für mich ganz einfach! Kann es sein, dass sie dir im Laufe der Jahre ein bisschen abhanden gekommen ist, weil du so viele Dinge zu erledigen hast? Doch das ist nicht schlimm, denn ich kann sie dir wieder beibringen, ja wirklich. :-) Sieh nur, wie ich mich schon an Kleinigkeiten erfreuen kann. Ja, natürlich freue ich mich auch über neue Spielsachen, allerdings bereitet mir die größte Freude, wenn wir alle zusammen sind. Mama, Papa, ich, meine Geschwister, meine Omas und Opas. Da ist richtig was los, es wird erzählt, gelacht, sich mit mir beschäftigt, gemeinsam gegessen und gespielt. In diesen Stunden spüre ich Freude nicht nur bei mir, sondern auch die stille und unausgesprochene Freude bei den Erwachsenen. Ich spüre, dass ihr euch alle miteinander wohl fühlt und dass meine Freude euch anstecken kann. Nur wenn Neid und Konkurrenz in irgendeiner Form auftreten, habe ich keine Chance, diesen Nebel zu durchdringen.

Ganz klar, dass ich es versuche, aber manchmal wird es dann noch schlimmer. Ich verstehe die Erwachsenen dann einfach nicht! Was hält euch davon ab, euch zu freuen, wenn ihr mich seht? Ist es nicht angenehm, Oma und Opa wiederzusehen? Und wenn es so sein sollte, wieso sagt ihr nicht, was euch aneinander stört? Bei mir tut ihr das doch auch!

Ich spreche in der ICH-Sprache. Davon habe ich schon erzählt und das könnt ihr doch genauso machen. Für mich ist es so schön, wenn wir miteinander eine freudige Zeit verbringen können. Ich erlebe mit euch wertvolle Augenblicke. Jedoch verstehe ich nicht, wieso ihr euch manchmal mit Menschen trefft, die ihr nicht mögt. Sind uns erfüllende Momente dafür nicht zu kostbar? Für mich ist es einfach, da ich mich jeden Tag an Dingen erfreue, die ich neu entdecke, und ich täglich dazulerne. Wie ein wandelndes Wunder bin ich, findest du nicht auch? Wusstest du, dass ich im Kleinkindalter sechs bis acht Wörter pro Tag lerne, und wenn ich dann zur Schule komme, kenne ich 13.000 bis 14.000 Wörter. Wow, ich bin selbst erstaunt über dieses Wunder!

Manuela dazu:

Ich glaube, bei den meisten von uns ist in Bezug auf den Begriff „Wunder" so etwas Überwältigendes und Großes konditioniert wie eine Spontanheilung, ein großer materieller Segen (wie ein Lottogewinn) oder gerade einem schlimmen Autounfall entglitten zu sein. Sicher warten viele von uns auf größere oder kleinere Wunder, die einem im Leben begegnen können. Fragen Sie sich doch einmal, was ein Wunder für Sie bedeutet. Oder was Sie von ihm erwarten. Geht es Ihnen mit einem Wunder besser? „Es müsste schon ein Wunder geschehen, wenn ..." Was fühlen Sie bei diesen Fragen und welche Antworten fallen Ihnen ein?

Ich bin ganz ehrlich, solche Gedanken habe ich mir vor einigen Jahren nicht wirklich gemacht. Das veränderte sich, als ich begann, als Erzieherin mit den Kindern zu arbeiten. Dabei mag ich weder den Begriff „Erzieherin" (Worte sind Energie) noch „arbeiten". Also noch mal: ... als ich begann, in meiner Berufung den Kindern auf Augenhöhe zu begegnen, sie zu respektieren und in ihrer eigenen Wirklichkeit wahrzunehmen, sah ich die Wunder.

Ich möchte Sie ermutigen, diese wundervollen Seiten an und in Ihrem Kind zu genießen. Und nicht nur das, Sie finden sich selbst und Ihr inneres Kind darin wieder. Ich finde, niemand muss auf Wunder warten, denn sie sind täglich um uns herum.
Mein Alltag hat sich auch dadurch entspannt, dass ich mich täglich in Dankbarkeit übe, an den kleinen Dingen im Leben. Die größte Dankbarkeitsfläche sind für mich die Kinder. Sie lieben ihre Bezugspersonen frei von Bedingungen, sind einfach da, mit all ihrer reinen Liebe, Freude und Neugier auf das Leben. Ich weiß, oft genug hat es den Anschein, dass es genau das Gegenteil zeigt, wenn das Kind wütend und trotzig auf den Boden stampft. Wo ist denn da das Wunder, werden Sie fragen. Sie haben recht, auf den ersten Blick ist es nicht zu erkennen. Beim näheren Hinschauen, auf Augenhöhe mit dem Kind, werden Sie in der 50:50-Haltung Ihre eigene Wirklichkeit erkennen – und die Ihres Kindes.

Bewundernd werden Sie feststellen, wie kreativ Ihr Kind ist. Dass es oft wunderbare Lösungen findet, und Sie selbst wären niemals auf die entsprechenden Ideen ge-

kommen. *Es spricht mit einem Wortschatz, bei dem Sie sich fragen, wo es ihn gelernt hat. Es sieht Blumen, Tiere, Bäume, Menschen und beschreibt sie mit seinen Worten und Fragen. Es ist beobachtend, rücksichtsvoll, ausprobierend, fordernd, herzlich. Vielleicht können Sie an einem Tag mal nicht mit dem Herzen sehen, obwohl Sie die liebevollen Eigenschaften Ihres Kindes kennen. Ganz im Gegenteil, Sie sind genervt, weil Ihr Kind nun stehen bleibt und einen Schmetterling beobachtet. Sie fühlen sich gestresst, weil Sie noch einen Termin haben, den Sie einhalten möchten (siehe Kapitel Entscheidungsfindung). Wo ist da das Wunder, fragen Sie sich vielleicht. Das Kind steht oft staunend und bewundernd vor Dingen, die es faszinieren. Für das Kind sind sie neu und vollkommen.*

Leider stehen wir als Erwachsene solchen „banalen" Begebenheiten oft „abgebrüht" gegenüber. Das ist doch so normal! Ist es das wirklich? Ihr Kind zeigt es Ihnen, und auch den Anteil in Ihnen, der noch staunen und bewundern kann, denn daraus erfolgt die Dankbarkeit, diese kleinen Wunder mit allen Sinnen erfahren und erleben zu dürfen. Dus erfüllt das Herz und stärkt die Lebenskraft.

Mir ist aufgefallen, dass meine Liebe zur Natur und zum Garten, besonders zu Blumen, von meiner Nachbarin kam, die mich als Kind in ihrem großen Garten staunend am Wachstum von Pflanzen hat teilhaben lassen. Als ich dieses innere Kind in mir wiederentdeckte, erkannte ich auch, welche Ressourcen darin verborgen waren. Ich entdeckte, wie heilig und erfüllend mein fast täglicher Gang im Sommer in den Garten ist, um dort Salat und Kräuter zu ernten. Ich gebe der Kraft des Staunens und der Dankbarkeit des inneren Kindes eine Bedeutung. Ich lenke meine Aufmerksamkeit auf diese Fülle, die mich stärkt.

Die Energie folgt der Aufmerksamkeit!

Das ist für mich eine wundervolle Aussage. Lenken Sie Ihre Aufmerksamkeit auf das, was Sie wachsen lassen wollen: Liebe, Freude, Dankbarkeit. Ist es nicht ein Wunder, Ihr Kind, welches Sie zum Wundern einlädt, um mit Dankbarkeit die Sicht auf die Welt zu verändern? Falls Sie Lust auf dieses Wunder haben, lesen Sie weiter. Ich schreibe Ihnen ein kleines Ritual auf, welches ich seit Jahren praktiziere. Ich kann Ihnen nicht sagen, ob es Erfolg verspricht. Für mich ist ganz klar, dass jeder gute Gedanke wie ein Saatkorn ist, und je mehr Sie es mit Liebe pflegen und wachsen lassen, umso bessere Früchte werden Sie ernten.

Das Ritual: Gehen Sie abends vor dem Einschlafen den Tag chronologisch von morgens bis abends durch und schauen Sie, wofür Sie dankbar sein können (für ein Lachen von Ihrem Kind, dass Sie und Ihre Familie gesund sind – ich bin sicher, es wird Ihnen das zufallen, was Sie brauchen). Denken Sie morgens nach dem Wachwerden auch an die Dankbarkeit für einen guten und gesunden Schlaf (sofern es so war) und für den neuen Tag. Wichtig dabei ist, dass Sie sich selbst nicht vergessen. Danken Sie sich. Zum Beispiel dafür, dass Ihre Neugier gerade diese Zeilen liest.

Ganz ehrlich, auch bei mir gibt es zwischendurch Tage, an denen es mir schwerfällt, dankbar zu sein, weil ich wütend oder enttäuscht bin. Inzwischen bin ich auch für diese Gefühle dankbar, weil ich sie fühlen kann. Denn es gab Zeiten, in denen ich das nicht konnte. Viel Spaß beim Ausprobieren und noch mehr Freude beim Ernten des Friedens in Ihrem Herzen.

Ist das kein Grund, sich über meine gesunde Entwicklung zu freuen und dankbar zu sein, dass du mir das Leben geschenkt hast und das alles erleben darfst und kannst? Ich verstehe auch gut, wenn dies nicht jeden Tag der Fall ist. Mir geht es um die kleinen Freuden im Alltag und sie mit dir zusammen immer wieder neu zu entdecken, dieser Freude aus dem Herzen einen Platz zu geben in unseren Leben und sie neu entdecken und fühlen, denn Freude kommt aus der Liebe. Ich schenke dir ein Lächeln, während ich das sage. ☺

5.4 Liebe

Woran glaubst du? Was ist Glaube? Glaubst du an mich und meine Fähigkeiten, die ich bereits in mir trage, auch wenn ich noch so klein bin?

Ja, ich habe Fähigkeiten, die dir wahrscheinlich so gar nicht bewusst sind.

Das Wunderbarste ist dabei die bedingungslose Liebe. Ich bin die „Liebe auf zwei Beinen", erinnerst du dich? Und solange ich Kleinkind bin, also noch kein Vorschulkind, bei dem das logische Denken immer mehr Raum in der Entwicklung einnimmt, bin ich und lebe ich die reine Liebe. Ich kann mir gut vorstellen, dass du das kaum „glauben" kannst. Bestimmt fallen dir gerade eine ganze Menge Situationen ein, in denen du mich alles andere als in der reinen Liebe empfunden hast. Sicher hast du mich trotzig, wütend, schreiend erlebt. Und das soll die Liebe sein, fragst du dich? Ja, ich kann deine Gedanken sehr gut verstehen. Du hast ja etwas ganz anderes zu diesen Situationen gehört, gelesen oder vorgelebt bekommen. Und so ganz einfach ist es auch nicht zu erklären.

Ich versuche, es aus meiner Perspektive heraus zu beschreiben, okay? Es ist wie schon gesagt: Ich bin die Liebe auf zwei Beinen, :-) die bedingungslose Liebe. Ich weiß, du denkst sicher, dass ich sehr wohl Bedingungen stelle, so klein wie ich bin. Wenn ich zum Beispiel wütend werde, weil ich im Supermarkt nicht die Schokolade bekomme, die ich haben will. Es ist nicht so einfach zu erklären, warum ich schreie. Das kann ganz unterschiedliche Aspekte haben. Einer davon ist sehr logisch: Alle Menschen im Supermarkt kaufen doch ein … na ja, genau genommen, sehe ich nur, dass die Leute Gegenstände – einige Lebensmittel sind mir sogar bekannt – in den Einkaufswagen legen.

Nichts anderes möchte ich auch. Ich will dazugehören. Erinnerst du dich an die Bindungsarten? Kannst du mich jetzt ein bisschen besser verstehen? Natürlich kann es auch sein, dass ich die Süßigkeiten sehe, die ich so gerne esse. Und es tut mir wieder einmal sehr gut, wenn du mit mir sprichst, mir sagst, dass du mich verstehen kannst, und mir erklärst, warum ich diese Süßigkeiten nicht haben soll. Es kann allerdings auch sein, und ich bleibe mal bei dem Beispiel, dass es dir peinlich ist, wenn ich so einen Aufstand im Laden mache. Und wahrscheinlich fühlst du dich von mir sogar provoziert. Kann ich verstehen. :-) Doch in Wirklichkeit will ich das nicht. Erinnere dich, ich bin die Liebe auf zwei Beinen. Ich liebe dich frei von Bedingungen.

Und ist es dir noch gegenwärtig, welches die wunderbarste Heilmethode der Erde ist? Aus dieser Liebe heraus bin ich wie ein Spiegel für dich. Du siehst in meinem Schreien oder der Wut dein eigenes Schreien und die Wut, die du als Kind auch mal hattest. Möglicherweise hast du sie im Laufe deiner Kindheit in eine Schublade gesteckt, weil du mit diesen Gefühlen nicht respektiert oder akzeptiert wurdest, vielleicht sogar dafür bestraft und geschlagen wurdest. Dieses verletzte innere Kind in dir schaut dich durch meinen Spiegel an.

Und warum soll das Liebe sein, wirst du dich jetzt fragen. Bist du offen und bereit für die Antwort? Denn es ist nicht so schwierig, wie du glaubst. Es geht darum, dein inneres Kind von damals zu verstehen und mit ihm zu fühlen. Das Bewusstsein dafür, dass es ihm bzw. dir damals nicht so gut ging, wie du immer angenommen hast. Und ganz wichtig, die Bewusstheit, dass du als Kind abhängig warst von der Zuwendung der Erwachsenen. Heute kannst du handeln, bist frei in deinen Entscheidungen, kannst dich abgrenzen, wenn dich jemand verletzen will. Ja, du hast sogar die Freiheit, dich aus einer unguten Beziehung zu lösen. Das konntest du als Kind nicht! Oder kannst du dir vorstellen, dass ich im Alter von vier Jahren mit gepackten Koffern vor dir stehe und sage: „Danke Mama/Papa, ich gehe jetzt!" :-) Das hört sich im ersten Moment vielleicht lustig an, doch ich glaube auch, dass du mich an diesem Beispiel noch mal besser verstehen wirst. Glaube an dich und an mich, dass wir in der reinen Liebe verbunden sind und miteinander und aneinander wachsen können. Wir entscheiden, ob wir das wollen – ich will und lebe es jeden Tag von Herz zu Herz!

Glaubst du allen Ernstes, dass reine bedingungslose Liebe verletzt und kämpft? Ich komme zu euch mit einem wundervollen Geschenk: der bedingungslosen Liebe.
Habt ihr euch je gefragt, was Liebe ist? Ich bringe sie mit, frei von Erwartungen und Bedingungen, nur um mit

euch in dieser Liebe zu sein. Ich weiß, dass ihr sie in euren Herzen spürt. Sie ist friedlich, sanft, ruhig, freudig. Ich weiß, es ist nicht leicht, sie im Alltag zu leben. Das soll auch so sein, damit wir aneinander und miteinander wachsen können und dürfen. Ich reiche euch die bedingungslose Liebe wie ein Geschenk, die reinste Heilmethode, die es auf der Erde gibt. Du darfst es annehmen und wir heilen zusammen … Hand in Hand.

Manuela sagt dazu:

Zwischen den gesprochenen Worten des Kindes, welche ich zu Papier brachte, liegen fast zwei Jahre. Niemals wäre mir so ein Szenario in den Sinn gekommen, wie ich es aktuell erlebe – die Corona-Zeit. Niemals hätte ich mir vorstellen können, dass auf der ganzen Welt die Menschen, ob groß oder klein, arm oder reich, einem Virus unterstehen wie einer großen Weltmacht.

Gerade in den letzten Wochen habe ich das Gefühl, dass Familien und andere Gemeinschaften die Chance haben, sich selbst zu reflektieren und zu fragen ob es Stand heute noch das ist, was jeder Einzelne will. Gefordert durch die neue „Lebensart" ist es meiner Meinung nach wichtiger denn je, vom Außen ins Innen zu gehen. Das heißt, frei von Ablenkung wahrzunehmen, an welchen emotionalen Grenzen Sie stehen.

Sie fragen sich was das mit der bedingungslosen Liebe zu tun hat? Corona bringt uns doch alle an unsere Grenzen, in ganz unterschiedlichen Kontexten. Ich glaube, es ist

eine Grenzerfahrung, seine Liebsten nicht berühren, geschweige denn sehen zu können. Wo bleibt da die Liebe?
Was ist das überhaupt? Ich bin überzeugt davon, würde
man dieses Thema mit zehn Personen zur Diskussion stellen, würden dazu sehr unterschiedliche Meinungen und
Haltungen existieren. Zugegeben, in Bezug auf unterschiedliche Begebenheiten fällt es mir auch nicht leicht,
diese Frage zu beantworten. Klar ist, dass die Liebe frei
von Bedingungen ist, das sagt das Wort ja schon. Auf der
anderen Seite sind wir Menschen mit Bedürfnissen. Heißt
das also, ich muss meine Bedürfnisse zurückstellen? Und
dann? In welchem stillen Kämmerlein werden sie dann
abgestellt, bis sie eines Tages ausbrechen?

Sie merken schon, es ist kein einfaches Thema, oft schnell
dahingesagt, dabei erfordert es eine innere Auseinandersetzung mit sich selbst. Wer bin ich? Was will ich? Wo ist
der Sinn in meinem Leben? Mich unterstützt auf dieser
Suche nach mir selbst die 50:50-Haltung aus der eigenen
Wirklichkeit heraus. Die Brauchliebe, wie ich sie gerne
bezeichne, erst einmal aufzuspüren und wahrzunehmen
und vielleicht schmerzhaft zu erkennen, dass die reine,
bedingungslose Liebe in den Hintergrund getreten ist.

Ich glaube daran, dass Kleinkinder diese reine Liebe wie
einen Spiegel vor sich her tragen und wir Erwachsenen
können jeden neuen Tag hineinschauen. Was ist in diesem
Spiegel zu sehen? Zunächst einmal nicht wirklich etwas,
solange wir in der Perspektive des Erwachsenen bleiben,
der von oben auf das Kind herabschaut. Es gibt die

Möglichkeit, auf einer Augenhöhe (50:50-Haltung) mit dem Kind zu sprechen, zu sein. Das geht natürlich nur, wenn wir in die Hocke gehen, oder auf die Knie. In diesem Augenblick sehen wir uns selbst im Spiegel des Kindes und erkennen unser verletztes oder auch freies und freudiges inneres Kind. Ich bin sicher, dass mit dieser Methode auch schon die Vorstellungskraft ausreicht, um in den Spiegel zu schauen, welcher uns das Kind, „die reine Liebe auf zwei Beinen" zeigt:

„Im Bild des anderen fühlen wir unsere Möglichkeiten, unsere Bestimmung zu uns selbst."

Dieser Spruch von C. Sprenger bringt auf den Punkt, was wir alle lernen dürfen im miteinander und aneinander Wachsen. In diesem Buch finden Sie einige Anregungen dazu, wie Sie diese reine Liebe in sich selbst wiederfin-

den. Die Liebe auf zwei Beinen (Ihr inneres Kind) hat sich ganz langsam, Tag für Tag, Stück für Stück aus Ihrem Herzen geschlichen. Seien Sie wie ein Detektiv mit sich selbst. Ich bin ganz sicher, dass auch Sie diese tiefe, reine, bedingungslose Liebe in sich tragen. Ich weiß, es macht Angst, sie zu suchen und noch mehr Angst, sie wieder zu spüren. Sie kann mit viel emotionalem Schmerz verbunden sein, und das ist das Problem. Es gibt nur einen großen Unterschied: Als Kind konnten Sie sich nicht vor der Trübung schützen. Sie haben Verhaltensmuster entwickelt, um den Alltag zu bewältigen, doch heute sind Sie aus dieser Abhängigkeit herausgewachsen. Sie können selbstbestimmt und eigenverantwortlich handeln. Wenden Sie sich Ihrem inneren Kind zu und schützen und lieben Sie es bedingungslos.

Zurück zu Corona: Ich weiß, dass ich nichts weiß, was die Situation gerade betrifft – doch ich bin voller Hoffnung, dass die Menschen im Laufe der Zeit, der Jahre, sich selbst wieder finden und begegnen können in der reinen, bedingungslosen Liebe. Die Liebe fragt nicht, die Liebe IST.

Ich möchte dir auf diesem Weg sagen, dass die Liebe, die ich in meinem Herzen für dich trage, eine unendliche Tiefe hat, die dich jede Sekunde in deinem Herzen berühren und gleichzeitig zur Projektion verführen kann. Ist dir bewusst, dass in vielen Situationen deine Angst meine Freiheit in Bezug auf die Neugier, im Entdecken, im Ausprobieren und Erfahren einschränkt? Dass sie mich in Schranken verweist, sodass meine Individualität, Eigenständigkeit und Selbstbestimmung im Laufe der Jahre verwaisen? Ich bin ganz sicher, dass du es aus deiner Sicht heraus, aus deinem Bezug, dass das Liebe ist, tust. Ganz langsam, im Laufe der Zeit, verschließt deine und auch meine Angst unsere Herzen. Unsere bedingungslose Liebe füreinander wird weniger, das Vertrauen gerät ins Wanken.

Manuela sagt dazu:

Im Laufe der Jahre meiner persönlichen Entwicklung sowie aus Beobachtungen heraus, die meine Klienten und Klientinnen erfahren haben, wurde mir bewusst, dass uns die Abwertung / Bewertung / Projektion von der Herzenergie trennt. Das verbindende, friedliche, harmonische Empfinden für sich selbst und den anderen trübt sich ein wie ein Nebel, der sich über die strahlende und wärmende Sonne legt. Mir ist in der Kommunikation mit meinem Enkel (damals war er drei Jahre alt) aufgefallen, dass ich fast „alte" Ausdrucksweisen an ihn weitergegeben hätte, obwohl ich die We:komm schon viele Jahre lebe. Ich habe mir regelrecht auf die Zunge gebissen, um diese unbewussten Programmierungen von Projektionen nicht weiterzugeben. In diesem Moment wurde mir sehr klar vor Augen geführt, wie salopp und unbedarft Bewertung, Verurteilung und Schuldzuweisung entstehen. Es ist wieder einmal so banal: Ein Kind läuft durch den Raum und stößt sich mit dem Fuß am Stuhlbein, und das ist schmerzhaft. Das Kind weint, die Bezugsperson geht zu ihm und tröstet es mit den Worten: „Der blöde Stuhl. Hat er dir wehgetan?" Hier wird dem Stuhlbein die Schuld

zugeschoben – er kann sich nicht wehren. Das Kind, wel-
ches gerade im Alter des Egozentrismus ist, empfindet es
so. In dieser Phase erlebt es seine Umwelt tatsächlich,
als würde das Stuhlbein ihm Schaden zufügen, oder wenn
es einen Ball an die Wand wirft, dass die Wand ihn zu-
rückwirft. Es personalisiert Gegenstände.

Doch was ist die Realität? An dieser Stelle stellt sich eine
Weiche der Schuldzuweisung. Unsere Aufgabe ist es, das
Kind darin zu unterstützen, dass es aus seiner egozen-
trierten Welt mit unserem Schutz in liebevoller Kommuni-
kation herauswachsen kann.

Bis es bei sich selbst ankommen kann, sein ICH fühlen
kann, erlebt es die Welt, als würde sie sich nur um es selbst
drehen. In gewisser Weise ist es auch seit der Geburt so,
denn sonst würde es nicht überleben. Sie kennen den
Schlafentzug vielleicht und wissen, was ich meine. Ihr Le-
ben hat sich mit der Geburt des Kindes wie auf den Kopf
gestellt. Nichts ist mehr, wie es war, ob Beruf, Partner-
schaft, Freunde, geschweige denn Zeit für sich selbst – al-
les dreht sich um das Kind. Mit den ersten Krabbelversu-
chen des Kindes, dem langsamen Sich-Hochziehen in eine
andere Perspektive, dem Laufen lernen „von Fall zu Fall"
spielt sich das Entwicklungsprogramm in der Autonomie
des Kindes ab. Es braucht die Begleitung und den Abgleich
mit der Realität. Bleiben wir bei dem Beispiel, das Kind zu
trösten. Sie nehmen es in den Arm und sagen: „Oh, ich
habe gesehen, du hast dir deinen Fuß an dem Stuhlbein
angestoßen. Das tut bestimmt weh. Sollen wir mal schau-
en, ob alles gut ist, und den Schmerz wegpusten?"

Ich selbst habe mich schon oft genug dabei ertappt, dass ich sauer auf den Gegenstand bin, wenn ich mir wehtue. Was für ein Quatsch! Sicher schafft es erst mal Erleichterung und ich verurteile mich nicht dafür, doch mir ist bewusst, wie tief Schuldzuweisungen verankert sein können – sogar gegenüber Dingen. Ist es da nicht wunderbar, dem Kind mit der neuen Erkenntnis in der Realität zu begegnen? Es darf aus seinen Erfahrungen lernen, um achtsam zu sein, auch im Umgang mit sich selbst. So kann es Situationen durchlaufen, in denen es Trost erfährt, wenn es sich wehtut, weinen oder wütend sein darf.

Um keine Verwirrung aufkommen zu lassen: Der Egozentrismus in der kindlichen Entwicklung unterscheidet sich von der „magischen Phase". Vor zwanzig Jahren lernte ich in der Erzieherausbildung, dass Kinder in einer „magischen Phase" sein können (mit etwa vier Jahren). Aus heutiger Sicht habe ich ein anderes Bild vom Kind, was diese Phase betrifft. Es sieht dann zum Beispiel einen imaginären Freund, Elfen, Zwerge oder sonstige Wesen und diese Imagination geht auch wieder vorbei. Ich glaube, dass diese Phase bei fast allen Kindern wieder verschwindet, weil die Erwachsenen den Kindern weder genug Ernsthaftigkeit noch Aufmerksamkeit und Anerkennung dafür geben. Ich glaube auch daran, dass es Kinder gibt, die Energien (Auren, verstorbene Personen) sehen, die uns nicht mehr zugänglich sind, weil sie unerklärlich sind und auch Angst machen. Das verstehe ich gut, da es auch eine Lebenszeit bei mir gab, in der ich diesen „Fantasien" kritisch gegenüberstand. Inzwischen wird mir von Tag zu Tag bewusst, dass es mehr zwischen Himmel und

151

Erde gibt, als unser Verstand erfassen kann.

Mit der 50:50-Haltung können Sie aus der Projektion ge-hen, die Herztür zu ihrem Kind (oder anderen Personen) bleibt offen. Sie glauben mir nicht? Testen Sie es, der All-tag schenkt Ihnen viele Gelegenheiten, es auszuprobie-ren. Danke dafür.

5.5 Trotz

„Alles ist durcheinander, nichts passt mehr. Ich kann mich, dich und die Welt nicht fassen und darum verliere ich mich in Wutausbrüchen, die mir helfen, mit meiner Verzweiflung fertig zu werden."

So fühle ich mich, wenn ich in der Trotzphase bin. Diese Gefühle stellen sich etwa ab dem zweiten Lebensjahr ein. Mein eigener Wille erwacht und ich will so vieles allein machen. Dabei brauche ich deine Geduld und besonders dein Verständnis. Bitte verstehe mich, dass ich so vieles ausprobieren will, damit mein Entwicklungsprofessor seinen Job machen kann. Er bringt mich immer mehr in meine Selbstständigkeit, wenn du dich traust, mir mehr zuzutrauen, mich auszuprobieren. Sicher, manchmal wird es etwas Zeit kosten und auch witzig aussehen, wenn meine selbst angezogenen Schuhe wie Entenfüße wirken.

Allerdings bin ich dann sehr zufrieden, weil du mich die Erfahrung machen lässt, dass ich es allein kann! Die Trotzphase ist für mich eine Entwicklungszeit, die sehr prägend für mein weiteres Leben ist. Nebenbei bemerkt bin ich dann auch noch in dem Bindungsjahr der Zugehörigkeit (Bindungsarten). Das heißt, dass ich zu euch gehören will mit meinem ganzen Sein. Sollte es so sein, dass ich mich mit meiner Wut und meinem Trotz von euch abgelehnt oder ausgeschlossen fühle, hinterlässt das eventuell ein Gefühl von „Ich bin falsch" oder „Ich bin nicht gut genug".

Im Laufe der Zeit werde ich dann versuchen, die Wut und den Trotz zu verstecken, um dazuzugehören und geliebt zu werden. Möglicherweise hast auch du nicht gelernt, mit deinem Zorn umzugehen. Und vielleicht zeige ich dir mit meiner Aufgebrachtheit, dass in dir alter Groll aus der Vergangenheit vergraben ist. Mich würde es sehr freuen, wenn du das überprüfst! Kann sein, dass es dir völlig absurd erscheint. Das ist okay. Es kann auch sein, dass du dich darauf einlässt, dich mit deinem inneren Kind verbindest und mit ihm auf die Suche der verlorenen Wut gehst. So wie es sich für dich gut anfühlt, ist es in Ordnung! Ich liebe dich bedingungslos!

Hand in Hand möchte ich mit dir diese Trotzphase durchschreiten und freue mich, wenn ich dich mit auf die FamilienInsel nehmen kann. Ich lerne so vieles in dieser Zeit, doch das wird dir Manuela noch sagen.

Manuela sagt dazu:

Wer wünscht sich nicht ein friedliches und freundliches Kind? Wem ist es nicht peinlich, wenn das Kind wütend und trotzig im Supermarkt an der Kasse Randale macht? Wer fühlt sich nicht hilflos und ohnmächtig in so einer Situation? Ich kann mir kaum vorstellen, dass es Eltern gibt, die noch nicht vor einer derartigen Auseinandersetzung mit diesen Gefühlen ihres Kindes standen.

Ich weiß, dass es nicht einfach ist, diese Entwicklungsphase zu „überstehen", so nach dem Motto „Es geht ja auch vorüber". Ich möchte Ihnen allerdings ans Herz legen und Sie dazu ermutigen, diese Zeit aus einem anderen Blickwinkel zu betrachten. Ich habe über Jahre beobachtet, dass die Trotzphase und auch die Pubertät (wird auch als die zweite Trotzphase bezeichnet) ein Entwicklungszyklus ist, der besondere Aufmerksamkeit verdient. In dieser Zeit wird das Kind von Gefühlen überschwemmt, die es nicht zuordnen kann, und womit es sich überfordert fühlt. Und nicht nur das Kind, wir als Eltern auch! Meiner Meinung nach mangelt es nur an Informationen, welche den Eltern noch mal andere Handlungsmöglichkeiten aufzeigen, wie zum Beispiel die 50:50-Haltung oder die Entscheidungsfindung. Ich komme später noch einmal darauf zurück.

Zunächst möchte ich Ihnen erklären, woher der Begriff „Trotz" überhaupt kommt. Er entstammt dem Begriff „trutzen" und ist bekannt durch die mittelalterlichen Trutzburgen. Sie wurden gebaut, um sich zur Wehr zu setzen und sich zu schützen. Daraus können Sie schon erkennen, was das Kind mit seinem Trotz aussagt: Es wehrt sich und will sich schützen. „Vor wem oder was?", werden Sie sich vielleicht fragen. „Ich will ihm doch nichts Schlechtes." Ich bin ganz sicher, dass es so ist!

In unserem Erwachsenendasein, und da schließe ich mich selbst nicht aus, vergessen wir leider viel zu oft, wie machtlos, schutzlos, abhängig und ausgeliefert sich so ein kleines Kind in manchen Situationen fühlen kann. Wer erinnert sich schon daran, wie es ihm damals in ähnlichen Begebenheiten erging?

Vielleicht kennen Sie die beschriebenen Gefühle sogar aus Ihrem Alltag. Spüren Sie in sich hinein: Ist es Ihr inneres Kind, das sich da meldet? Überprüfen Sie, ob Sie sich beispielsweise Ihrem Chef gegenüber wirklich machtlos fühlen. Oft ist es das innere Kind, dem es so ergeht und das handlungsunfähig ist. Es ist also „nur" ein Teil von Ihnen, der so fühlt. Denn da gibt es noch Ihre eigene Wirklichkeit, die klar, wahr und kraftvoll ist – und imstande, sich abzugrenzen. Ihr reales Kind hat diese Errungenschaft mit zwei Jahren noch nicht gemacht. Es will zunächst seine Autonomie erkunden, erleben und erfahren, damit es in solchen Situationen als Erwachsener darauf zurückgreifen kann. Diese Verhaltensmuster speichern sich im Gehirn ab und sind wie Trampelpfade, die immer und immer wieder gelaufen werden – ein Leben lang. So lange, bis im Bewusstsein neue Perspektiven erkannt werden und die Bereitschaft da ist, auch diese zu leben. Mit neuem Verhalten und neuen Wiederholungen entstehen „neue Wege" im Gehirn.

Nun könnten Sie sich fragen: „Was will ich meinem Kind für die Zukunft mitgeben?" Soll es ein selbstbewusster und eigenständiger Mensch sein, der eine eigene Meinung hat und auch dazu stehen kann, weil er erfahren hat, dass Sie ihm den „Rücken gestärkt" haben? Kommt da eventuell der Gedanke auf, was Sie dafür tun können? Ich möchte Sie gerne dabei unterstützen und Ihnen einige Tipps mit auf den Weg geben. Zunächst ist es wichtig, dass Sie die Trotzphase als etwas ansehen, was Sie und Ihr Kind stärkt und die Bindung zwischen Ihnen vertiefen kann.

Gerade wenn das Kopfschütteln der kleinen Persönlichkeit in Kombination mit einem finsteren Blick ein deutliches Nein zum Ausdruck bringt, üben Sie sich in Geduld und erinnern Sie sich daran, dass Ihr Verständnis und Einfühlungsvermögen nun gefragt ist. Im Trotz erwacht die Fähigkeit, Nein zu sagen, und dort wird der Grundstein gelegt für „Ich darf Nein sagen und werde dennoch geliebt!" Ich beziehe mich im anschließenden Beispiel auf die 50:50-Haltung, wie oben schon erwähnt.

Nehmen wir einmal an, dass beim Mittagessen der Spinat vom Teller Ihres Kindes mit einer kraftvollen und abweisenden Geste auf Ihrem Shirt landet. Sie haben keine Zeit und wollten anschließend zur Arbeit fahren. Nun sind Sie wütend – ist doch verständlich, oder? Mit der Ich-Sprache der We:komm könnten Sie Ihr Kind unterstützen: „Ich habe das Gefühl, dass du wütend bist, weil du den Spinat nicht essen willst. Es ist in Ordnung, dass du wütend bist. Ich habe mich auch geärgert, weil nun mein Shirt schmutzig ist und ich mich noch umziehen muss. Mir ist wichtig, dass du ihn probierst. Oder möchtest du den Löffel allein halten?" (Lassen Sie sich von Ihrer Intuition leiten, was Ihr Kind mit seinem Verhalten zum Ausdruck bringen will.) In diesem Interaktionsbeispiel sprechen Sie die Realität aus, Ihre eigene Wirklichkeit und auch die Ihres Kindes. Die Beispiele sind aus dem Kontext gerissen und sollen Ihnen eine Idee davon geben, wie die Ich-Sprache aussehen kann. Jedenfalls lernt das Kind in diesem Beispiel, dass es wütend sein darf, wenn es den Spinat nicht essen will und ein anderes Bedürfnis hat. Sanft und einfühlsam erklären Sie, was Ihnen wichtig ist, und geben ihm die Möglichkeit, Selbstbestimmtheit zu erfahren. In diesem Entwicklungszyklus ist Ihre Intuition sehr gefragt. In dem Gefühlswirrwarr Ihres Kindes braucht es Ihre Begleitung, damit es seine Gefühle zuordnen kann. Eine Standardfrage in dieser Zeit könnte so lauten: „Was will mir mein Kind mit diesem Gefühlsausbruch sagen? Was sagt mir meine Intuition?" Und dann können Sie es entsprechend mitteilen: „Ich habe das Gefühl, dass du gerade wütend ... enttäuscht ... traurig ... sauer ... bist. Ist das so?"

Ich freue mich immer wieder, Eltern zu beobachten, die geduldig und erklärend auf Ihre Kinder eingehen. Es ist zu erkennen, dass sich die „Erziehungsmethoden" in Richtung eines respektvollen und liebevollen Miteinanders verändern – wie wunderbar! Das macht mir Hoffnung auf eine friedlichere Welt. Denn wie soll die Menschheitsfamilie auf der Welt im Frieden sein, wenn er nicht in der kleinsten Zelle, der Familie, stattfindet?

Abschließend möchte ich Ihnen noch mit auf den Weg geben, was Kinder aus der Trotzphase lernen können. An dieser Stelle ist sowohl „Lernen am Modell" prägend als auch, wie das Kind in seinem Gefühlschaos begleitet wird.
Wie oder was hat es erlebt und welche Erfahrung hat es in der Auseinandersetzung mit Konflikten gemacht?

Es kann Folgendes lernen:

- *Konflikte sind nichts Bedrohliches und können gelöst werden.*
- *Konflikte, die starke Spannungen mit sich bringen, lassen sich ertragen und können reguliert werden.*
- *Konflikte werden angenommen und sich nicht durch andere Tätigkeiten abgelenkt.*
- *Konflikte können Beziehungen stärken, wenn sie gemeinsam gelöst werden.*
- *Das Kind darf auch Gefühle äußern, die dem Erwachsenen nicht gefallen, frei von Bestrafung, Kritik oder im Stich gelassen werden.*
- *Es wird von Eltern oder anderen Bezugspersonen auch im Anschluss an Konflikte weiterhin gemocht und sie sind ihm sogar behilflich, seinen Gefühlen Ausdruck zu geben und sie in Worte zu fassen.*
- *Das Kind lernt, dass es gut ist, eigene Erfahrungen zu machen, auch wenn das nicht immer Spaß macht und manchmal sogar Enttäuschung bereitet.*
- *Es erfährt, dass sein eigener Wille sich ausbilden darf, manchmal auch gegen den Widerstand anderer, die klüger und mächtiger sind.*
- *Es spürt die Kraft des eigenen Willens und wie er es in die Lage versetzt, eigene Entscheidungen zu treffen. Es erlebt die daraus resultierenden Konsequenzen und wie es ist, dafür einzustehen.*

Mit diesen doch so stärkenden Aspekten der Trotzphase wünsche ich Ihnen, dass Sie meine Empfehlungen mit Ihrem Herz sehen können und es auch oft genug „menscheln" lassen. Niemand von uns kann und muss perfekt sein! Ich finde es schön, wenn wir alle immer wieder versuchen dem Weg auf die der FamilienInsel zu folgen, um dort miteinander und aneinander zu wachsen.

5.6 Schuld

Schuld ist Kult. Liebe Mama, lieber Papa, manchmal fühle ich die Schuld durch unsere Wohnräume wabern. Mein Eindruck ist, sie wird von einem zum anderen geschoben – und mir unbewusst aufgedrückt, ohne dass ihr es so wolltet. Das ist mir sehr klar. Ich fühle mich dennoch nicht gut damit. Es macht mich unsicher und traurig. Und wie ist es bei euch? Kennt ihr das Gefühl der Schuld schon aus eurer Kindheit? Fühlt ihr euch bereits schuldig, wenn ihr zum Beispiel nicht „lieb und artig" wart? Ich habe den Eindruck,

dass die Schuld verteilt wird wie Tortenstücke von einem Kuchen. Doch warum das so ist, kann ich mir nicht erklären. Was ist Schuld überhaupt? Woraus entsteht sie? Kann ich als Kleinkind mit meinem Entwicklungsprofessor überhaupt schuldig sein oder werden?

Wird die Schuld aus Angst vor Eigenverantwortung weiterverteilt? Kannst du – könnt ihr – kann ich überhaupt die Schuld an Situationen haben, die ich nicht bewusst herbeigeführt habe? Das wäre doch so, als würde mir eine Keramikvase herunterfallen, weil ich sie mit meinen kleinen Händen noch nicht umfassen kann. Ich wollte sie nur in meinen Händen spüren, sie begreifen, weil sie so schöne bunte Farben hat. Jetzt ist sie zerbrochen, und dafür soll ich mich schuldig fühlen?

Ich wollte mir das Neue begreifbar machen, um die Synapsen in meinem Gehirn zu verstärken. Sollte ich allerdings deine Lieblingsvase, die du so sehr magst, zerdeppert haben, bist du bestimmt ärgerlich darüber und ich fühle mich schuldig, da ich der Auslöser war. Bitte sag mir, dass du mich verstehst, dass ich unschuldig bin. Auf keinen Fall wollte ich dich mit meinem Entwicklungsprofessor ärgern! Aber wenn wir nun schon mal bei dem Thema Schuld sind, möchte ich dir sagen, dass ich diese Worte und Gedanken niemals an dich richte, um Schuld in dir hervorzuholen! Ja, es ist schon möglich, dass du dich an manchen Stellen schuldig fühlst und traurig bist, weil du wahrnimmst und erkennst, wie es mir eventuell in so manchen Situationen ergangen ist. Doch bleib bitte in der Realität. Du hast mich mit bestem Wissen und Gewissen in dieser Zeit begleitet, erzogen, geliebt. So sollte es sein! Und egal, wie alt ich nun bin, es ist nie zu spät, uns im Herzen mit allen Gefühlen, frei von Schuld, auszutauschen. Fühlst du die Berührung in deinem Herz und die Traurigkeit, dann sei dankbar, dass du sie fühlen kannst.

Mir hilft dein Mitgefühl mir gegenüber, und wenn du mir mitteilst, dass du mein Tun verstehst. Hab Selbstmitgefühl mit dir, weil du nur so handeln konntest, wie es dir damals möglich war. Dieser Prozess heilt dich und mich, verbindet uns in Ehrlichkeit und Liebe. Und stell dir nur vor, oder vielleicht weißt du es schon: Tränen sind reinigend, Kampf- und Fluchtbotenstoffe werden über die Niere ausgeschieden und Entspannung tritt ein. Ist das nicht wunderbar? Somit hatten und haben auch meine Tränen ihren Sinn. Wie schade, dass Jungs und Männern heute immer noch so oft beigebracht wird, dass sie nicht weinen dürfen!

Manuela sagt dazu:

Das Gefühl der Schuld begleitet viele Menschen ihr ganzes Leben lang. Meistens ist es ihnen noch nicht einmal bewusst und sie „schieben" anderen gerne ihre Schuld vor die Füße (siehe Kapitel Drama-Dreieck, Verfolgerrolle). Macht eine Person sich schon schuldig, wenn sie unbewusst ihre Schuld an andere verteilt? Ich finde, das ist eine schwierige Frage. Ein Richter hätte aufgrund unserer Gesetzeslage, Präzedenzfällen und seiner Erfahrungen sicherlich ganz klare Aussagen und Antworten dazu, welche jedoch bestimmt oft nicht die Gefühlslage der Betroffenen widerspiegelt, noch diese als aussagekräftige Entscheidungsgrundlage mit einbezieht. Ich setze mich schon länger mit dem Thema Schuld auseinander, weil ich mich frage: „Wann und wofür soll ich mich entschuldigen? Wo beginnt Schuld? Vielleicht an dem Punkt, wo ich etwas vorsätzlich tue?"
Für mich stellt sich die Schuldfrage in vielen Facetten dar und ich habe noch keine Klarheit dazu gefunden. Vielleicht sehen Sie die Frage in einem anderen Licht. Tatsache ist, dass sich ein Kind schnell schuldig fühlt, wenn es vermeintlich etwas falsch gemacht hat.

*An dieser Stelle sind wir auch wieder bei den Knebelver-
trägen: Entweder ... oder (Entscheidungsfindung). Aufgrund dieses Sprachgebrauchs können sich im Laufe der
Zeit auch Schuldgefühle einschleichen, weil das Kind den
Eindruck entwickeln kann, dass es seinen Eltern nicht genügt oder sie nicht glücklich machen kann. Aus meiner
Perspektive gibt es in der Kindheit unglaublich viele Situationen, in denen das Kind sich schuldig fühlen kann. Je
nachdem, wie gut die Bindung (Bindungsarten) zu den Bezugspersonen ist, wird das Schuldkonto immer größer. Und
als Erwachsener hängt es uns dann wie eine schwere Kette
um den Hals.*

*Das hört sich vielleicht schlimm an, doch mit der
We:komm können Sie es Ihrem Kind leichter machen. Reflektieren Sie sich, wie es um Ihre Schuldgefühle steht und
ob Ihr inneres Kind sich möglicherweise noch schuldig
fühlt. Vielleicht trägt es noch Schuldgefühle von den Eltern, die nicht sichtbar sind (Ahnen-Generationen). Weiterhin können Sie mit Ihrem Kind über Schuld sprechen.
Wann fühlt es sich schuldig? Was bedeutet überhaupt das
Thema Schuld in der Familie und zwischen Geschwistern?
Denn schnell wird gerade unter Geschwistern Schuld verteilt. Wer hat mehr dazu beigetragen, dass beispielsweise
die Vase jetzt kaputt gegangen ist? Hilfreich ist auf jeden
Fall die 50:/50-Haltung bei diesen Fragen. Wie schnell
wird dem Kind in Konfliktsituationen mit anderen Kindern
oder Erwachsenen gesagt: „Entschuldige dich jetzt mal!"
Wie kann ein Kleinkind sich entschuldigen, wenn es noch
kein Mitgefühl entwickelt hat?*

Verstehen Sie mich nicht falsch, ich möchte auch nicht, dass im frühen Kindesalter Gewalt geduldet oder unterstützt wird. Mir ist der Respekt wichtig! Was ist in der gegebenen Situation Realität? Haben Sie genau gesehen, dass Ihr Kind der „Übeltäter" war? Hat das andere Kind vielleicht die Grenzen Ihres Kindes überschritten und Ihr Kind hat sich auf die Art gewehrt, die ihm gerade möglich war? Die Schuldfrage hat so unendlich viele Schattierungen, dass ich Ihnen keine ausreichenden Beispiele aufzeigen kann. Meiner Ansicht nach ist das auch nicht so wichtig, denn wieder einmal geht es um die Bewusstheit. Machen Sie sich um Himmels willen keinen Druck, in der Erziehung Ihres Kindes alles richtig machen zu wollen. Das werden Sie nicht schaffen, denn meiner Meinung nach hat das noch niemand erreicht! Allerdings haben Sie die freie Wahl, andere Wege in der Kommunikation zu gehen und Ihrem Kind auf die FamilienInsel zu folgen.

Ich wünsche Ihnen, dass Sie diese Reise mit Humor und Freude erleben, wenn auch nicht immer und jeden Tag ... denn das ist die Realität. ☺

5.7 Fairness

Du wirst es kaum glauben, doch so klein und unerfahren, wie ich erscheine, bin ich nicht! Denn ich habe einen Sinn für Fairness. Ich  spüre genau, wenn etwas unfair ist. Ich finde es zum Beispiel unfair, getadelt zu werden für etwas, was ich noch nicht kann. Wie soll ich mit nur zwei Jahren aufräumen können, wenn ich vollkommen überfordert damit bin, die Spielsachen zuzuordnen? Ich habe schon beobachtet, dass auch ihr Gegenstände öfter an die gleichen Orte bringt. Doch aus meiner Perspektive verschwinden Sachen einfach nur in irgendwelchen Kästen. Ich habe eine Bitte an dich: Setz dich mal auf den Boden und betrachte zum Beispiel die Küche aus diesem Blickwinkel. Das ist meine Sichtweise auf die Dinge. Was siehst du? Erkennst du, wie groß und mächtig diese Schränke für mich sein können und wie riesig die Erwachsenen sind, die vor mir stehen? Aus meiner Position heraus kann ich oft gar nicht sehen, wohin die Löffel und Gabeln verschwinden. Wenn ich Glück habe, sind die Töpfe oder Plastikschüsseln auf meiner Augenhöhe. Deshalb spiele ich doch auch so gerne damit. Ich freue mich darüber, wenn du mich auf den Arm nimmst und mir erklärst, wo die Löffel ihren Platz haben. Weißt du, es dauert mindestens noch drei Jahre, bis ich allein in die Schublade schauen kann. Kannst du jetzt besser verstehen, dass ich deine Hilfe und Unterstützung brauche, um zu lernen, wie Ordnung, zuordnen, sortieren geht?

Mir hilft es übrigens auch, weniger Spielsachen um mich herum zu haben. Das verschafft mir einen besseren Überblick und mehr Klarheit. Sonst könnte es für mich leicht zur Reizüberflutung werden. Vielleicht sortieren wir meine Spielsachen, die ich gerade nicht brauche, gemeinsam aus, um sie öfter mal zu wechseln. Ich finde zum Beispiel auch Alltagsgegenstände, wie zum Beispiel Verpackungen, so interessant. Ihr sagt „Müll" dazu. Ich kann damit viele Erfahrungen machen. Ich liebe kleine Papierschachteln mit und ohne Deckel. Wie spannend es doch ist, meine Spielsachen darin verschwinden zu lassen! Passen sie überhaupt hinein, gibt es laute oder leise Geräusche dabei? Dadurch wird meine Kreativität geweckt, angeregt und gefördert. Ich finde eine Ecke mit Verpackungsutensilien, die ihr sonst in den Müll werfen würdet, für meine Entwicklung super. Natürlich sollen sie altersgerecht sein.

Zurück zu Fairness: Ist es für dich fair, mir Grenzen bei meinem Verlangen nach Süßigkeiten zu setzen, während ich sehe, wie gerne du selbst Schokolade isst? Mir sagst du, zu viel Süßes sei ungesund, aber warum sind die Süßigkeiten bei dir gesund? Oder hast du eine besonders gesunde Schokolade? Und wieso darf ich sie dann nicht essen? Ich soll aufräumen und Ordnung machen und sehe zugleich die Unordnung auf deinem Schreibtisch. Ich höre dich sagen: „Das ist etwas anderes, ich habe so viel zu tun!" Es ist nicht so, dass ich nicht spüre, dass du manchmal zu viel Stress hast. Ich möchte dir nur sagen, dass ich mich hin und wieder unfair von dir behandelt fühle. Mir hilft es schon, wenn du mich und meine Wahrheit (sieh Kapitel Deine Wahrheit – meine Wahrheit) auch verstehst und wahrnimmst. Ich bin vielleicht überfordert oder habe einfach keine Lust, aufzuräumen. Verstehst du das und weißt du, was ich meine? Was würdest du sagen, wenn ich dir jeden Tag deine Unordnung zeige, und vielleicht ist sie gar nicht im Außen zu sehen, sondern in dir selbst herrscht ein Chaos an Gefühlen, das du nicht „einsortieren" und verstehen kannst?

Möglicherweise ist es sogar so, dass du von mir dann die „äußere Ordnung" zum Ausgleich für dein inneres Chaos brauchst. So bekomme ich unbewusst etwas von dir übergestülpt, was zu dir gehört, und ich weiß, dass du das nicht willst. Es ist nur so, dass mein Sinn für Fairness das spürt und wahrnimmt, und ich werde mich bestimmt dagegen wehren, indem ich deine Worte ignoriere, trotzig bin oder weine oder einen Wutanfall bekomme. Kannst du mich – uns jetzt besser verstehen? Meistens hilft mir und dir in diesen Situationen die Kommunikation aus der eigenen Wirklichkeit heraus in der ICH-Sprache. Nur aus einem einzigen Grund erzähle ich dir das alles – aus reiner bedingungsloser Liebe, und weil ich mit dir auf die FamilienInsel will! ☺

Manuela sagt dazu:

Fairness und Gerechtigkeit bei Kindern, darüber gibt es unzählige Studien. Doch wer hat bei den Studien ein Recht, die entsprechenden Aussagen zu treffen? Sind sie fair den Kindern gegenüber? Wissen wir überhaupt, wie sich Kinder bei diesen Studien fühlen? Wie wahrhaftig und fair sind wir Erwachsenen anderen Menschen im Allgemeinen gegenüber? Was haben wir von unseren Eltern über Fairness gelernt? Für mich gibt es hierzu einen sehr treffenden Satz: „Die Wahrheit liegt im Auge des Betrachters."

Ich selbst durfte in meiner Erzieherausbildung an einer Übung teilnehmen, die mir bis heute in Erinnerung geblieben ist und mir zeigt, wie getrübt die Wahrnehmung jedes Einzelnen ist. Ich meine damit, dass persönliche, vergangene, erlebte Erfahrungen das aktuelle Erleben subjektiv machen. Das heißt, dass Sie eine Person, die Ihnen begegnet, anders wahrnehmen als andere Menschen, wenn Sie zum Beispiel ein Mensch sind, der in der Modebranche arbeitet. Ihnen wird wahrscheinlich besonders auffallen, ob sie modisch gekleidet ist, welche Farben sie trägt und ob Accessoires das Outfit perfekt machen. Sollte dieselbe Person jemandem begegnen, dem das äußerliche Erscheinungsbild völlig unwichtig ist, wird derjenige die Person vielleicht als auffällig und übertrieben wahrnehmen.

Auch das ist wieder ein einfaches Beispiel aus dem Alltag. Die meisten von uns haben es schon hundertfach so erlebt. Sie werden sich jetzt vielleicht fragen, was das Beispiel aufzeigen soll. Was hat das mit Ihrem Kind zu tun, und mit der kindlichen Entwicklung? Es geht um einen Mechanismus, den Sie schon kennen: KINDER LERNEN AM MODELL. Ich glaube, dass ein Kleinkind frei von jeder Bewertung seines Gegenübers ist. Ihm ist es völlig unwichtig, ob jemand Markenjeans oder Designer-

blusen trägt oder es selbst mit der besten Kinderkleidung im Sandkasten sitzt und „so süß darin aussieht".

Ich weiß, es klingt ein bisschen sarkastisch. Doch ich überziehe gerne mal die Beispiele, um sie zu verdeutlichen. Das Kind fühlt, ob es gemocht wird, ob die Hose oder das Kleidchen sich angenehm anfühlt. Es spürt, ob Vater oder Mutter dem Gegenüber „wohl gesonnen ist", egal ob Oma, Opa, Erzieher, Nachbarn oder Patentante. In diesen Situationen nimmt das Kind wahr, ob Sie die Person ehrlich mögen, ihr vertrauen und sie ihnen sympathisch ist. Haben Sie eine gute Herzverbindung zu der Person, kann sich auch das Kind auf eine neue Bindung einlassen. Regt sich bei Ihnen allerdings Angst oder Misstrauen, wenn Sie Ihr Kind der Erzieherin im Kindergarten übergeben, kann es sein, dass es das fühlt und sich nicht von Ihnen lösen will.

Vielleicht werden Sie sagen, dass doch fast jede Mutter oder jeder Vater so empfindet. Ja, da bin ich bei Ihnen und kann es gut verstehen. Aus Beobachtungen weiß ich, dass unbewusst „Schuld"(-gefühle) verteilt wird: „Die Erzieherin könnte auch anders reagieren." Oder die Erzieherin sagt: „Die Mutter kann nicht loslassen." Was ist in diesem Beispiel die Realität? Ist das fair dem jeweils anderen gegenüber? Auch in diesem Beispiel kann We:Komm hilfreich sein. Nehmen Sie verschiedene Perspektiven durch Reflexion ein mit der 50:50-Haltung. Fragen Sie sich: Woher kenne ich diese Angst? Wovor habe ich Angst? Woher kenne ich das Misstrauen? Welche Erfahrung habe ich in dieser Situation mit meiner

Mutter / meinem Vater / meiner Erzieherin gemacht? Vielleicht wird der emotionale Schmerz aus Ihrer Kindergartenzeit wieder wach, oder aus anderen Situationen, in denen Sie sich trennen mussten. Im Kern geht es darum, sich selbst und besonders dem inneren Kind gegenüber fair zu sein, indem es Beachtung bekommt in seinen Gefühlen, Bedürfnissen und auch Wünschen. Ich kann Sie nur dazu ermuntern, das zu tun, denn Sie werden die Früchte ernten, wenn auch nicht sofort.

5.8 Machtlosigkeit

Ich befinde mich in einer sehr großen Abhängigkeit von euch und meinem sozialen Umfeld. Ich muss respektieren, was ihr mir im Laufe der Jahre anbietet – vom Essen angefangen über Kleidung, Bezugspersonen, Liebe, Aufmerksamkeit,  Verständnis und Orte, an denen ich mich aufhalten soll. Vielleicht würde ich schon mit vier oder fünf Jahren gerne mal meinen Koffer packen und von zuhause ausziehen, wenn ich mich ungerecht behandelt fühle. Hast du da schon einmal darüber nachgedacht? Möglicherweise kannst du dich sogar daran erinnern, dass du das in deiner Kindheit manchmal ebenfalls gerne getan hättest. Es kann sein, dass du heute noch diese große Abhängigkeit, Ohnmacht und Hilflosigkeit spürst. Tatsache ist, ich bin als Kind, genauso wie du damals, ohne Macht!

Manuela sagt dazu:

Heute ist Muttertag. An diesem Tag wird die Mutter gefeiert – einmal im Jahr! Ich möchte meine Gedanken zu diesem Feiertag mit Ihnen teilen. Es geht um Macht und Ohnmacht. Ich lade Sie ein zu reflektieren und möchte Sie zu einer anderen Sichtweise inspirieren. Zunächst finde ich es interessant, dass mir gerade an diesem Tag die Beispiele „zugefallen" sind. Wie stehen Sie dazu, dass

Muttertag gefeiert wird? Ich hatte schon immer ein ge-
spaltenes Verhältnis zu diesem Thema. Auf der einen Seite lehne ich das Konsumverhalten in Bezug auf diesen
Tag ab und auf der anderen Seite schlägt ein Herz in mir,
das darauf wartet, dass mein Kind sich in irgendeiner
Form an diesem Feiertag erkenntlich zeigt.

Heute ist für mich klar, dass diese Ambivalenz ihre Berechtigung hat, wenn ich an die 50:50-Haltung denke.
Vieles wird für mich klarer, wenn ich zu dem Gedanken
hin spüre, dass ein Kind seine Mutter auch noch feiern
soll, welches durch die Zeugung der Mutter (natürlich
auch später dem Vater) in vollem Umfang ausgeliefert ist.
Das klingt sehr hart, ich weiß, ich habe tatsächlich gezö-
gert, es so zu schreiben. Doch ich stehe zu diesen Gedanken, weil ich mich noch sehr gut daran erinnern kann,
wie klar mir plötzlich war, dass ein Kind nicht selbstbestimmt sagen kann: „Mama, ich will, dass du dich in der
Schwangerschaft gesund ernährst. Ich mag kein
Fleisch."

Manche Leser werden sich vielleicht denken „Das hat die
Seele des Kindes sich doch so ausgesucht.". Ich glaube
auch daran, dass es mehr zwischen Himmel und Erde
gibt, als wir erfassen können. Doch das entbindet uns
nicht davon, miteinander und aneinander zu wachsen und
die Bewusstheit zu erlangen, dass wir als Eltern und zu
Anfang als Mutter die Macht haben, Entscheidungen zum
Wohle des Kindes zu treffen.

Aufgrund meiner langjährigen Erfahrungen, ob aus meiner Praxis oder meinem Leben, weiß ich, dass Sie aus diesem Hamsterrad heraustreten können. Schauen Sie sich an: Wo fühlen Sie sich als Opfer in dem ganzen Konstrukt beziehungsweise wie kommen Sie aus dem Drama-Dreieck heraus? In der Reflexion mit der Bewusstheit der 50:50-Haltung können Sie überprüfen, ob Ihre Entscheidung aus dem Mangelgefühl Ihres inneren Kindes kommt oder ob Ihr reales Kind (sein Entwicklungsprofessor) das will.

Ein Beispiel dazu:

Als Kind hatten Sie keine Berührungspunkte mit Musik oder Musikinstrumenten. Ihre Familie war nicht musikalisch oder hat Sie nicht daran teilhaben lassen. Es kann sein, dass Sie schon damals sehnsuchtsvoll mitverfolgten, wie Ihre Freundin das Klavierspielen erlernte. Diese Sehnsucht schlummert bis ins Erwachsenenleben in Ihnen und erwacht durch Ihr eigenes Kind wieder. Und hier sehen Sie die Chance, Ihrem Kind die Möglichkeit zu geben, die Musik kennenzulernen.

Das läuft unbewusst ab. Ihr Kind fügt sich und lernt Klavier, doch es kann sein, dass es nicht dieselbe Freude und denselben Spaß daran hat, wie Sie sie damals gehabt hätten. Für Sie und Ihr Kind entfacht möglicherweise ein Kampf, der nicht sein muss. Erkennen Sie Ihren eigenen Anteil in diesem Kampf, indem Sie Ihr inneres Kind mit seiner Sehnsucht wahrnehmen, und erklären Sie ihm, warum es damals diese Möglichkeit nicht hatte. So lassen

Sie den Kampf im Innen und Außen hinter sich und Energie wird frei. Es ist Ihre Entscheidung, der positiven Macht der Selbstbestimmtheit Stimme und Gehör zum Handeln zu geben. Haben Sie Mut und verwirklichen Sie Ihre verloren gegangenen Wünsche und Träume nun. Nichts ist unmöglich!

Diesem Beispiel könnten noch unendlich viele folgen. Seien Sie achtsam mit sich selbst und Ihrem Kind, fühlen Sie in die Zukunft: Was wollen Sie Ihrem Kind auf seinem Lebensweg mitgeben? Handeln Sie danach. Sie würden niemals schlechte Lebensmittel kaufen, wenn Sie ein Festmahl zubereiten wollen. ☺

6. Bindungsarten

Meine Lebensjahre verlaufen in Entwicklungszyklen. Sie finden nicht starr in einem gewissen Zeitrahmen statt, sondern bauen auf die erfahrene Autonomie auf. Ich kann mir gut vorstellen, dass es für euch nicht einfach ist zu erkennen, zu fühlen, welche Unterstützung ich in meiner Entwicklung gerade im Moment brauche. Eine hilfreiche Unterstützung können die sechs Bindungsarten nach Neufeld (Entwicklungspsychologe Gordon Neufeld) sein. Sie helfen dir und mir, dich und mich zu verstehen, und ganz besonders dabei, eine gesunde Bindung zwischen uns aufzubauen. Mama und ich haben dadurch – entschuldige, Papa, dass ich das so frei ausspreche – ganz klar einen „Heimvorteil". Denn diese Bindung hatte ich schon mit Mama im Mutterleib durch die Nabelschnur. Leider wurde sie dann durchgeschnitten, wie du weißt, doch nun kann ich eine neue Verbindung eingehen, mit euch beiden!

6.1 Bindung über Körperkontakt

In meinem ersten Lebensjahr ist die körperliche Nähe zu euch mein Anker der Sicherheit und Geborgenheit. Euch mit allen Sinnen zu erleben, schenkt mir Vertrauen. Dein Körpergeruch, Herzschlag und deine Stimme sind mir bekannt und aus dem Mutterleib vertraut. Deine Stimme, Papa, kenne ich auch schon, und ich möchte dich näher kennenlernen – im wahrsten Sinn des Wortes. Ich brauche deine Umarmung, ich möchte dich riechen und schmecken, dich fühlen, auch wenn du mich nicht stillen kannst. Und doch kannst auch du in Stille und Ruhe mit mir zusammen sein! Die körperliche Nähe mit euch in Ehrlichkeit und aus dem Herzen erleben zu dürfen, mit Freude und Liebe, schenkt mir ein wichtiges Fundament für mein Wachstum in allen Bereichen.

„Bindung kann wie eine wärmende Umarmung wirken oder sich erdrückend anfühlen."

Manuela sagt dazu:

Für mich ist es eine Freude zu beobachten, dass sich seit vielen Jahren die Männer- und Vaterrollen verändern. Sie schälen sich, im wahrsten Sinn des Wortes, aus alten und verkrusteten Überlieferungen und Vorbildern heraus. Soweit es ihr Job erlaubt, nehmen sie die Erziehungszeit wahr und kümmern sich um Haushalt und Kind. Ganz besonders erlebt der Sohn von seinem Vater einen Teil des Mann-Seins, der bis vor ein paar Jahren als „Weichei" abgestempelt wurde. Die Klischeerollen von Mann und Frau formen sich neu und zeigen gleichzeitig den Kindern ein anderes Modell davon, wie Familie funktioniert. Ich empfinde es als eine heilsame Entwicklung, gleichwohl es nicht leicht ist, die alte Geschlechterrolle zu verlassen. Die Stärken und Schwächen jeder Rolle treten nach außen hin auf, werden authentisch und bringen mehr Harmonie in die Familie. Auf diesem Weg erfährt das Kind eine stärkere Bindung zum Vater und somit ein Fundament der Sicherheit, das die Entwicklung des Kindes positiv stärken kann.

Die Zeit, die „Mann" in Kind und Familie „investiert", zahlt sich mit den Jahren durch eine innere Zufriedenheit aus, die mit Geld nicht zu erreichen ist. Ich kann mir gut vorstellen, dass es nicht einfach ist, die alleinige Verantwortung für die Versorgung der Familie, im Sinne eines anderen Gleichgewichts auf einer Augenhöhe mit der Partnerin, neu auszuprobieren. Sie leben damit dem Kind vor, wie wahre Gleichberechtigung aussieht, ob es die Kommunikation ist, der Respekt sich selbst oder dem an-

deren gegenüber oder die gelebten ehrlichen Gefühle, die darin ihre Berechtigung haben.

Auch als Vater können Sie ab der Geburt Ihres Kindes körperliche Nähe aufbauen. Geben Sie sich und Ihrem Baby Zeit zum Kuscheln, Streicheln, sprechen Sie mit ihm. Erzählen Sie, wie glücklich Sie sind, wenn es Sie anschaut. Oder auch, dass Sie vielleicht unsicher sind, wenn Sie es wickeln oder auf den Arm nehmen. Sagen Sie ihm, dass Sie wissen, dass die Sicherheit mit jedem Tag wächst und Sie sich freuen, dass Sie gemeinsam Zeit verbringen. Spielen Sie mit ihm, staunen und beobachten Sie die Fortschritte von Tag zu Tag, jedes neue Lächeln, die Bewegungen, das Krabbeln und vieles mehr. Schenken Sie Ihrem Baby in dieser Zeit ungeteilte Aufmerksamkeit. Seien Sie in Gedanken ganz bei sich und dem Kind und nicht schon mit Problemen beschäftigt, die noch kommen könnten. Genießen Sie die Liebe, die zwischen Ihnen und Ihren Liebsten fühlbar wird. Es wird Sie und ihr Kind mit Kraft und Energie erfüllen. Geben Sie diesen Momenten Beachtung in Form von Dankbarkeit. Sie sind Schätze, die über die Jahre eine gesunde Bindung zu Ihrem Kind aufbauen.

Mich interessieren alle Gegenstände, die ich noch nicht kenne, und ganz besonders solche, die du im Alltag benutzt. Schon im Mutterleib entwickelte sich der erste meiner Sinne: der Tastsinn. Für meine kognitive Entwicklung ist er sehr wichtig. Über Hautrezeptoren nehme ich Reize auf, die an das Gehirn weitergeleitet werden. Überdurchschnittlich viele Rezeptoren habe ich in den

Lippen, auf der Zunge, in den Fingerspitzen und Fußsohlen. Nun kannst du sicher auch verstehen, weshalb ich so viele Dinge in den Mund nehme. Ich lerne!

Da ist auch schon mal die Blumenerde dabei, Steine oder Gras. Erkläre mir bitte, was das ist und dass du verstehen kannst, dass ich diesen Gegenstand unbedingt „begreifen" will, damit ich daran reife, was dieses „Ding" für einen Sinn hat. Erkläre mir bitte, ob es etwas ist, womit ich spielen kann oder ob es gefährlich ist. Kann ich es essen? Ich bin dir sehr dankbar, wenn du mich verstehst. Denn du weißt ja, dass in mir und in jedem Kind ein kleiner Entwicklungsprofessor oder Professorin steckt.

Ja, so ist es! In mir ist schon alles angelegt, was ich lernen will und was ich brauche, damit sich im Gehirn die nötigen Synapsen miteinander verknüpfen, um mir später mit dem Lernen leichter zu tun. Deshalb brauche ich deine Hilfe, denn du entscheidest, welchen Zugang ich zu immer neuen Impulsen habe, die meine Neugier friedlich machen. Ja, ich fühle mich wirklich im Frieden mit mir, wenn ich die Gier nach Neuem mit deiner Hilfe und deinem Schutz stillen kann!
Es ist wichtig, dass ich mich beschützt fühle, dir vertrauen kann mit dem, was du mich „begreifen" lässt. Und das ist keine heiße Herdplatte, um die Erfahrung zu machen, dass sie heiß ist. Da entsteht bei mir eher Angst davor, neugierig sein zu dürfen. Natürlich interessieren mich der Herd und die komischen Dinge daran, nach denen ich gerade so greifen kann.

Ich bin sicher, du kannst mir auch zeigen und erklären, was so ein „Ding" alles kann. Tja, ich weiß da gerade auch keine Antwort, nur so viel: Wäre ich euer Kind, würde ich euch mit diesem Verhalten provozieren, weil ich etwas anderes damit aussagen will. Ich bin sicher, dass ihr wisst, was ich meine. Die Antwort findet ihr in euch selbst.

Manuela sagt dazu:

Wahrnehmung mit allen Sinnen ist eines meiner Lieblingsthemen in meinen Vorträgen zur kindlichen Entwicklung und in Beratungen. Als ich mit Mitte vierzig noch mal die Schulbank drückte, um eine Umschulung zur Erzieherin zu machen, war ich fasziniert von diesem Thema. Gleichzeitig saß ich als Mutter eines 22-jährigen Sohnes frustriert und fast schockiert in diesen bereichernden Unterrichtsstunden. Schon damals fragte ich mich:

„Warum wird dieses Wissen, diese fundamentale Entwicklung in der Kindheit, nicht an die Eltern weitergegeben? Was ist so kompliziert daran, zum Beispiel in Geburtsvorbereitungskursen dieses Wissen an die werdenden Eltern zu vermitteln?" Plötzlich verstand ich die junge und unerfahrene Mutter in mir mit ihrer Hilflosigkeit, Ohnmacht und teilweise auch Wut meinem Sohn gegenüber, als er genau dieses Bedürfnis nach dem Wahrnehmen mit allen Sinnen, den Entwicklungsprofessor in ihm, zu stillen versuchte. Ich erinnere mich noch sehr gut an eine Situation, als er etwa zehn Monate alt war. Es saß in seinem Hochstuhl und warf den kleinen Plastiklöffel beim

Essen immer wieder auf den Boden. Diese Szene erschien sofort vor meinem geistigen Auge, während meine damalige Lehrerin den Wahrnehmungskreislauf erklärte. Auf einmal fühlte sich für mich alles so logisch und stimmig an – meine Frustration und auch die meines Sohnes. Ich war frustriert, weil ich das Gefühl hatte, dass ich der Situation nicht gewachsen sei, und ich bin heute sicher, dass er frustriert war, weil ich ihn nicht ernst genommen und verstanden habe.

So wurde die Auffassung meistens von Generation zu Generation weitergegeben, dass Kinder mit solchen „Spielen" provozieren und manipulieren würden. Mir ist wichtig, an dieser Stelle noch einmal zu betonen, dass es nicht darum geht, Kinder grenzenlos aufwachsen zu lassen, sondern einzig und allein darum, dem Kind auf Augenhöhe zu begegnen. Die Bewusstheit in uns in jeglicher Situation ist wie ein Werkzeug, das uns aus dem Verurteilen und Provozieren heraushilft und kein Drama-Dreieck entstehen lässt.

Dafür ist es wichtig, in der Bewusstheit zu sein, dass das Kind nicht provoziert, sondern es tut, was zu tun ist, um möglichst sehr, sehr viele synaptische Übertragungen herzustellen. Synapsen sind Verbindungsstellen im Gehirn und dienen der Informationsverarbeitung und -weiterleitung. Lernen findet an den Synapsen statt und bewirkt, dass Impulse effizienter von einer Nervenzelle (Neuron) zur nächsten übermittelt werden. Um auf das Beispiel mit dem Löffel zurückzukommen: Das Kind lernt über das Geräusch, welches der Löffel beim Aufprall macht, dass sich ein Plastiklöffel so anhört. (Sofern Sie mit ihm in Kommunikation sind und sagen: „Gerade hast du den roten Löffel aus Plastik auf den Boden geworfen. „Vielleicht willst du erfahren, wie schnell er auf den Boden fällt." Das ist eine Möglichkeit, wie Sie es sprachlich begleiten könnten.)

Es kann allerdings auch sein, dass Ihnen die Bewusstheit allein keine Hilfe ist, um sich selbst und Ihre eigenen Gefühle der Hilflosigkeit zu verstehen. In Bezug darauf gibt es die Möglichkeit, dass Sie sich auf den Weg zu Ihrem inneren Kind machen. Sie können sich die Frage stellen: „Was fühle ich in dieser Situation gerade? Hilflosigkeit, Ohnmacht, Wut?" Eine weitere Frage der Selbstreflexion könnte sein: „In welchen Situationen aus der eigenen Kindheit fühlte ich mich hilflos?" Sehr oft, wie aus dem Nichts, fühlen Sie sich in eine frühere Zeit versetzt, sehen vergangene Begebenheiten vor sich, an denen Sie sich genauso fühlten. Nun können Sie sich selbst verstehen und erkennen. Mit der 50:50-Haltung schauen Sie in den Spiegel, welchen Ihnen Ihr Kind vorhält, um Sie in die Bewusstheit und die Herzenergie mitzunehmen.

Halten Sie Ihr eigenes inneres Kind gedanklich im Arm, haben Sie Mitgefühl mit ihm, weil es sich damals so fühlte, und nehmen Sie es mit seinen Gefühlen ernst. Gehen Sie mit diesem Anteil aus der Vergangenheit in den Realitätscheck. Ist es realistisch, sich hilflos zu fühlen? Wo können Sie sich Unterstützung holen, falls entsprechende Informationen fehlen? Fakt ist, dass Sie im Gegensatz zu Ihrem Kind-Sein in der Vergangenheit heute aktiv han-

deln können. Sie können selbst bestimmen, was Sie wollen, sowie selbstwirksam werden, indem Sie Entscheidungen treffen. Das war als Kind fast unmöglich oder hatte oft unangenehme Folgen.

Mit den Errungenschaften aus der Wissenschaft, Ihrer eigenen Intuition, Ihrer eigenen Wirklichkeit ist es möglich, neue Wege zu gehen – im besten Fall auf die FamilienInsel, mit Ihrem Kind, im Innen und Außen. Was könnte Sie davon abhalten, diese neuen Wege auszuprobieren?

6.2 Bindung über Gleichheit

Ich bin du und du bist ich, glaubst du, dass es möglich ist? Schon in meinem zweiten Lebensjahr strebe ich danach, gleich mit dir/euch zu sein. Ich möchte es dir gleichtun, um mit dir eine Bindung und Verbindung aufzubauen. Wundere dich nicht, wenn ich den Putzlappen nehme und auch noch mal über den Boden wische, den du schon säuberlich gereinigt hast. Ich will nur erproben, ob ich als gleich akzeptiert werde, wenn ich es dir gleichtue. Sollte es dich ärgerlich machen, werde ich andere Dinge tun, um mit dir gleich zu sein. Zum Beispiel ziehe ich dann deine Schuhe an. Natürlich sieht das für dich ulkig aus, doch ich baue Bindung zu dir auf, indem ich dasselbe tue wie du. Bestimmt zeige ich dir auch nicht so schöne Dinge, beispielsweise dass du dein Handy sehr oft in der Hand hast. Ich werde nach dem Handy greifen und wahrscheinlich wirst du mir verbieten, damit zu spielen. Du wirst mir sagen, dass das Handy nichts zum Spielen ist und ich erst eines haben darf, wenn ich älter bin. Dabei möchte ich es dir einfach nur gleichtun. Wenn ich dann älter bin, findest du es toll, zu entdecken, dass ich den Tisch genauso liebevoll zum Essen decke wie du. Begonnen hat es damit, dass ich es dir gleichtun durfte. Ich fühlte mich ernst genommen, als du mir zugetraut hast, dass ich das Geschirr heile auf den Tisch stelle, obwohl ich noch so klein war.

Diese Gleichheit in der Verbindung und Bindung zu Bezugspersonen in meinen ersten Lebensjahren ist wie ein Fundament für meine späteren Beziehungen. Ist mein

Bedürfnis nach „Gleichheit" in meiner Kindheit gesättigt, werde ich wahrscheinlich keine unbewusste Suche zu Gruppen aufnehmen, um mit ihnen gleich zu sein, obwohl sie mir nicht guttun. Vielleicht findest du eine Erinnerung daran, ob du in deiner Vergangenheit diesen Bindungsstrang mit deinen Eltern aufbauen konntest. Ich möchte zwar gleich sein mit dir/euch, doch verglichen zu werden, macht mich unsicher und ich fühle mich wertlos. Solltest du mich mit anderen Kleinkindern in unserer Umgebung vergleichen, trennt das unsere Herzverbindung.

Ich bin ich – ich habe meinen eigenen Entwicklungsprofessor und auch mein eigenes Tempo im Wachsen, Lernen und Begreifen. Weißt du, vielleicht bin ich nicht so gut im Klettern und ein bisschen langsam dabei, und mein(e) Freund(in) ist flinker, doch ist dir aufgefallen, dass ich schon mehr Worte spreche als er/sie und auch noch deutlicher?

Ich bin ich – es bringt dir und mir nichts, schon so früh in einen Wettkampf zu gehen, nach dem Motto, „Welches Kleinkind ist am weitesten in der Entwicklung?" Ich nehme an diesem Wettkampf auf jeden Fall nicht teil, und du wirst merken, dass ich das nicht will. Wahrscheinlich werde ich wütend. Ist es dir so wichtig, dass ich mehr kann als die anderen? Reicht es nicht, wenn ich in der Schule Noten bekomme? Ich brauche dich und deine Liebe frei von Erwartungen und Bedingungen, um ein gesundes Selbstwertgefühl in mir wachsen zu lassen. Ich bin ich – in meinem Entwicklungstempo. Danke, dass du mir die Chance gibst, dir das zu sagen. Sicher bist du selbst geprägt von Vergleichen und ihnen heute noch tagtäglich ausgesetzt, bei deiner Arbeit vielleicht. Oder du vergleichst dich selbst, zum Beispiel mit dem Nachbarn oder der Nachbarin. Ich finde es hinderlich und blockierend, verglichen zu werden. Ich will ich sein dürfen, mit allen Stärken und Schwächen. :-) Das heißt nicht, dass ich in Bezug auf meine Schwächen nicht gefördert werden möchte, doch bitte in meinem Rhythmus, ja? Ich danke dir dafür. Glaub mir, das Leben wird für uns beide dann entspannter sein. :-)

6.3 Bindung über Zugehörigkeit & Loyalität

In meinem zweiten bis dritten Lebensjahr nimm bitte wahr, dass ich besonders sensibel bin in Bezug auf Dinge und Bezugspersonen, die zu mir gehören. Meine Bindung zu dir/euch, anderen Bezugspersonen und auch Gegenstände verstärkt sich und der Bindungsstrang Zugehörigkeit wächst in unsere Beziehung hinein. Das Stofftier, welches mich täglich begleitet, bekommt eine besondere Bedeutung. Es wird zu einem Teil von mir, gehört zu mir. Und auch du/ihr. Ich bin ganz stolz, sagen zu können: „Das ist meine Mama – das ist mein Papa!" Es ist mein Anspruch auf Besitz und Zusammengehören, sich aufgehoben zu fühlen.

Sollte sich aus unterschiedlichen Gründen etwas in unserem Zusammensein verändern, und wenn es nur ein Urlaub ist, werde ich unsicher und vielleicht auch besonders trotzig. Denn zum Beispiel ist die neue Umgebung in einem Urlaub nicht das, was mir bekannt ist. Ob es mein Bett, unsere Küche oder mein Kinderzimmer ist – alles ist fremd und ich „hänge" mich ganz besonders an dich/euch, weil ich etwas brauche, um das Gefühl zu haben, „ich gehöre dazu, wir gehören zusammen". Ich werde euch möglicherweise oft stören, wenn ihr miteinander redet, weil ich dazugehören möchte. Und manchmal werde ich sicher nervig für euch sein, sorry. Helfen können mir dann euer Verständnis und euer Wissen, dass ich euch nicht ärgern, sondern nur unsere Bindung stärken und vertiefen will. Ein paar herzliche Worte wie „Ja, ich weiß, du möchtest auch mit uns sprechen. Ich kann dich verstehen. Du gehörst immer zu uns und wir sehen dich. Papa und Mama möchten jetzt was Wichtiges besprechen. Nun haben wir zwei Möglichkeiten: Erste Möglichkeit, du kannst dich zu uns setzen und schaust dir ein Buch an. Zweite Möglichkeit ist, du spielst mit deinem Lieblingsspielzeug in unserer Nähe und nach unserem Gespräch spielt Mama/Papa mit dir. Was möchtest du?" (Siehe Kapitel Entscheidungsfindung).

Die Entscheidungen, die ich in diesem Alter wirklich treffen kann und darf, stärken mein Selbstvertrauen und meine Eigenverantwortung, in angemessenen Situationen natürlich. Und noch eine Bitte: Sprecht in meinem Beisein nicht über mich, sondern von mir. Für mich fühlt es sich sehr unterschiedlich an, wenn du zu Papa sagst: „Unser Kind war heute wieder einmal total anstrengend!", also über mich sprichst. Oder ob du von mir und unserer Situation berichtest: „Ich habe mich heute echt hilflos gefühlt, als unsere Tochter/unser Sohn (Name) schreiend auf dem Fußboden lag, weil ich ihr/ihm verboten habe, auf den Stuhl zu klettern." Du kannst mich mit einbeziehen, mich auf den Arm nehmen oder in euer Gespräch mit einbinden: „Gell, (Name), das hat uns beide aufgeregt." Ich will doch nur in meinem Herzen fühlen, dass ich zu euch gehöre!

Was du eventuell auch nicht weißt, ist, dass meine Loyalität in Verbindung mit der Zugehörigkeit. Je mehr ich mich in meiner Familie oder sonstigen Gemeinschaft dazugehörig fühle, umso kooperativer und loyaler bin ich. Das kennst du doch ganz bestimmt auch aus deinem Arbeitsleben oder privat. Fühlst du dich wohl in deiner Firma, mit deinem Chef, dich mit dem Unternehmen verbunden und wertgeschätzt und hast das Gefühl, dass du dazugehörst, so wird es für dich kein Thema sein, deine Firma auch nach außen loyal zu vertreten. Auf diese Weise ergibt sich eine Win-win-Situation auf beiden Seiten in Wertschätzung und Respekt. Und genauso funktioniert das auch bei mir. Ein Beispiel dazu: Ich bin sehr sensibel und reagiere auf laute Musik oder verbale Bestrafung im Kindergarten, indem ich mich zurückziehe. Ich fühle mich nicht dazugehörig, weil ich anders bin. Mir hilft wieder einmal das Verständnis für mich und die Kommunikation. Es baut sich Bindung auf über die Wertschätzung und den Respekt mir gegenüber (50:50-Haltung). Ansonsten bleibt die Loyalität auf der Strecke.

Kannst du meine Reaktion nachvollziehen? Ist dir je bewusst gewesen, dass so früh schon ein Grundstein für Loyalität gelegt wird? Es gibt natürlich auch die Option der Überloyalität, die entstehen kann, wenn ich mich ganz besonders anstrenge, um dazuzugehören, und mich dabei verliere, mich anpasse an das, was die Erwachsenen wollen. Du siehst schon, kein einfaches Thema. Doch ich bin sicher, wir kriegen das hin mit der Kommunikation aus dem Herzen. :-) Vertrau mir!

6.4 Bindung über Wertschätzung

Im dritten bis vierten Lebensjahr kann mich schon ein böser Blick völlig aus meinem Frieden bringen. Ich bin besonders unsicher in meinem Sein. Wer bin ich? Bin ich gut, bin ich böse, bin ich schuld – und was habe ich falsch gemacht? Ich fange an, logische Zusammenhänge zu verstehen, und dafür brauche ich ebenfalls deine Kommunikation. Wenn du zum Beispiel auf den Staubsauger wütend bist, weil er nicht richtig saugt, und du gibst nur ärgerliche Töne und Laute von dir, bin ich verwirrt, da ich gerade neben dir stehe und nicht zuordnen kann, wem der Ärger gilt. Mir vielleicht? Weil ich dir im Weg stehe? Bist du über dich selbst verärgert oder ist der Staubsauger böse? Ich habe noch keine Worte für mein Gefühl, und deine klaren Aussagen helfen mir, die Welt zu verstehen.

Sag mir doch einfach, dass du dich über den Staubsauger ärgerst und dein Ärger nichts mit mir zu tun hat. Ist doch easy, oder? Durch diese Klarheit gibst du mir und meinem Empfinden eine Bedeutung. Ich fühle mich wertgeschätzt in meinem Sein, weil ich mitfühle und ich allein der Situation keine „Ordnung der Gefühle" geben kann. Wie schön, das freut mich sehr und tut mir gut. Ich bin dir wichtig und deshalb sprichst du mit mir und erklärst mir deine Gefühle! Wow! Von Herz zu Herz! :-) Und das ist kein Scherz, probiere es einfach aus.

In meinem dritten bis vierten Lebensjahr reicht es mir nicht mehr, nur dazuzugehören oder gleich mit euch zu sein, noch nicht mal das Kuscheln ist mir so wichtig. Mir ist sehr, sehr wichtig, für euch WICHTIG zu sein. Dass meine Persönlichkeit, so wie ich bin, mit allen Ecken und Kanten, anerkannt wird, und nicht nur mit den leichten und guten Seiten. Nein, dass auch diejenigen meiner Emotionen, die anstrengend für euch sind, eine Bedeutung bekommen, dass sie wichtig sind. Worauf will ich mit meinem Verhalten hinweisen? Im Allgemeinen sucht ihr in der Deutung meines Verhaltens oft Lösungen für mich. Kann sein, muss aber nicht sein! Wie offen und aufgeschlossen bist du gerade für meine Antwort? Bist du bereit zu reflektieren, wird dir meine Antwort vielleicht weiterhelfen. Ich finde, es ist gar nicht so schwierig. Pass auf: Immer, wenn du dich so richtig über mich ärgerst, vielleicht wütend bist oder hilflos, dann überlege mal, ob ich dir das verletzte Kind zeige, welches du einmal warst und weggesperrt hast. Vielleicht war der Schmerz für dich so groß, dass du ihn nicht mehr spüren wolltest und die Gefühle abgeschnitten hast. Schenke deinem inneren Kind genau an diesem Punkt die Bedeutsamkeit, die es in der Vergangenheit so manches Mal nicht hatte. Dann fühle ich mich gut und kann meine Bindung zu dir stärken, da du mein Signal für dich angenommen hast.

Findest du das jetzt sehr schlimm, was ich gesagt habe? Merkst du, wie unsicher ich bin? Ich möchte dir in Liebe, in der reinen Liebe, sagen: „Du bist mir wichtig! Deshalb zeige ich meine Gefühle so ehrlich, wahrhaftig und authentisch." Kannst du mich ein bisschen verstehen? Das ein oder andere Mal wirst du vielleicht Zweifel an dem haben, was ich sage. Doch das ist o. k., kein Problem.

Möglicherweise lässt du dich darauf ein, es mit mir auszuprobieren. Super! Spätestens dann wirst du die Erfahrung machen, dass meine Impulse für dich die Bindung und reine Liebe zwischen uns stärken. Und selbstverständlich hilft hier wieder dein Sprechen, Erklären und dankbar Erkennen, dass ich dir auf gar keinen Fall Böses will.

Nun haben wir schon vier Jahre miteinander und aneinander wachsen dürfen. Ich bin sicher, dass wir beide das Beste getan haben, damit es uns gut geht. Klar, dass uns das nicht immer so gelingen konnte, wie ich es wollte oder du gedacht hast, wie meine Entwicklung sein sollte. Doch das ist alles okay – das ist das Leben. Weißt du, ich fühle mich überfordert damit, wenn ich deine/eure Ängste aufgeladen bekomme. Mir ist wichtig, dass es nicht allein in meiner Verantwortung liegt, dass meine „Erziehung" gelingt.

Du bist schon ER-Wachsen aus den Gefühlswirren und der Abhängigkeit deiner Kindheit. Es erleichtert und freut mich, wenn du in dich hinein fühlst, was dein Herz sagt, dass du reflektiert bist, kritisch hinterfragst, was unser soziales Umfeld zu MEINER/DEINER Erziehung sagt. Folge deinem Herzen, denn dort wirst du mich finden und das Problem erkennen und lösen. In Wirklichkeit haben wir kein Problem! Ja, wir beide kommen an Grenzen, die uns wütend, hilflos oder ohnmächtig machen. Ich sehe es anders: Wir begegnen uns in unseren Gefühlen, die uns miteinander verbinden. Und damit ist nicht nur das Liebesgefühl gemeint, wenn Freude spürbar ist und wir Spaß haben. Die meisten Eltern glauben, dass nur dann alles gut und in Ordnung ist. Ja und nein, es ist auch in Ordnung, wenn wir gerade sauer aufeinander sind. Klar, es ist außerordentlich unschön. Eben aus der Ordnung geraten. Doch was tust du, wenn die Wohnung in Unordnung geraten ist? Du räumst auf, :-) oder? Nichts anderes tust du beim Reflektieren, wenn wir eine Situation haben, in der es uns beiden nicht gut geht. Und ich möchte dir mit den Informationen in diesem Buch dabei helfen. Sicher hast du in der Einleitung gelesen, dass es ganz einfach ist! Hole dir über das intuitive Aufschlagen einen Impuls zur Reflexion. Das ist wie ein Sortieren und Aufräumen in dir und mir. Probiere es aus!

6.5 Bindung über Liebe

Vorab möchte ich dir schon mal sagen, dass ich wirklich bereit bin, mein Herz für dich weiterhin offen zu halten und mich dadurch verletzlich mache, auch im fünften Lebensjahr. Das setzt allerdings voraus, dass die vier Stufen der Entwicklung...

1) Bindung über Nähe (mit allen Sinnen),
2) Bindung über Gleichheit,
3) Bindung über Zugehörigkeit/Loyalität,
4) Bindung über Wertschätzung/Bedeutsamkeit

... mich und mein Herz gut gesättigt haben. Sollte es nicht so sein, werde ich es dir durch mein Verhalten zeigen. Trage ich das Gefühl meiner Einzigartigkeit und Individualität in mir, weil ich es erfahren durfte, werde ich beides auch in euch erkennen. Ich werde dich mit liebevollen Augen anschauen und dir sagen, dass ich dich lieb habe. Vielleicht male oder bastle ich dir auch Herzchen. Es ist ein Ausdruck meiner tiefen emotionalen Herzöffnung und Zuwendung. Die Tiefe unserer Herzverbindung trägt mich mein Leben lang.

Vielleicht äußere ich auch den Wunsch, dich heiraten zu wollen. Bitte nicht erschrecken, das hat überhaupt nichts mit dem Ödipus-Komplex zu tun. Mein Herz läuft über vor Liebe zu dir! Ich möchte dir mein Herz schenken und ein Leben lang mit dir zusammen sein. Nimmst du meine Liebe an, freust du dich über die Herzen, die ich für dich male, so wächst in mir die Gewissheit, dass unsere Verbindung und Bindung auch weiter besteht, sollte ich mal bei einer Freundin oder der Oma übernachten. Oder ein paar Tage mit den Großeltern in den Urlaub fahren. Das Heimweh, der Schmerz, nicht zu Hause zu sein, bleibt dann aus. :-)

Ich wiege mich in Gedanken in eurer Liebe und Geborgenheit, in der Sicherheit, dass unsere Bindung bestehen bleibt und sie ist bei meiner Rückkehr noch genauso schön und tragend wie bei der Verabschiedung, als ich vor ein paar Tagen von euch wegfuhr. Das ist meine und eure Freiheit der Liebe und Unabhängigkeit. Solltest du beobachten, dass ich Angst vor neuen Situationen habe, dann bitte ich dich, hilf mir, diese Angst abzubauen und verstehe mich. Angst verschließt mein Herz.

Manuela sagt dazu:

Das Gefühl der Angst kennen wir alle in einer mehr oder weniger großen Gestalt. Dass sie durch abwertende Worte, die uns als Kind übergestülpt werden, heranwächst und manchmal auch als Panik von uns Besitz ergreift, ist sicher den wenigsten Erwachsenen bewusst.

Stellen Sie sich den Alltag eines Kindes in den ersten sechs Lebensjahren vor: Der Entwicklungsprofessor in ihm will seinen Job machen, indem er durch Versuch und Irrtum beim Spielen lernt. Hat das Kind die Freiheit, auszuprobieren, und auch die Freiheit, zu erleben, dass manche Dinge nicht so funktionieren, wie es wollte, stärkt das sein Selbstvertrauen. Dieses Ausprobieren, um Erfahrungen zu ma-

*chen, ist ein nicht zu unterschätzendes Fundament, das be-
einflusst, wie das Kind, oder auch der spätere Erwachsene,
bevorstehenden neuen Ereignissen gegenübersteht. Begegnet es der neuen Situation mit Angst, vielleicht vor dem Ver-
sagen oder davor, nicht gut genug zu sein, oder schaut es
mit Zuversicht und Selbstvertrauen auf das, was kommt?*

*Stärkend und fördernd ist die Kommunikation aus der eige-
nen Wirklichkeit heraus in der ICH-Sprache. Diese Interaktion vertieft die Bindung, das Selbstvertrauen und baut
Selbstbewusstsein auf. Vielleicht erinnern Sie sich noch an
Begebenheiten aus Ihrer Vergangenheit. Es gab Situationen,
da fühlten Sie sich klein und dumm und hatten Angst, etwas
falsch zu machen. Unterschätzen Sie die Kommunikation in
diesem Zusammenhang nicht! Hört das Kind 24/7 (24 Stunden am Tag, 7 Tage in der Woche , 52 Wochen im Jahr – so
viele Jahre lang) Aussagen von Bezugspersonen wie Eltern,
Erziehern, Lehrern aus dem kritischen Eltern-ICH-Zustand,
wie: „Das kannst du doch sowieso nicht. Lass das stehen!
Dafür bist du zu dumm! Das kannst du nicht!", können sich
diese Sätze zu inneren Überzeugungen formen.*

*Schon im Krabbelalter können Sie die Entwicklung des Ba-
bys fördern. Zum Beispiel sehen Sie, dass es einen Gegenstand im Auge hat und darauf zusteuert. Unbewusst gehen
Sie hin und geben ihm das Spielzeug in die Hand. Damit
nehmen Sie ihm die Erfahrung, dass das Baby es aus eigener Kraft schaffen kann. Das sieht für uns Erwachsene von
außen betrachtet so unwichtig aus und doch legt es täglich
einen Grundstein für Autonomie.*

Selbst wenn das Kind dann älter ist und schon spricht, hilft ihm die ICH-Sprache ihrerseits in seiner emotionalen Entwicklung. Ein Beispiel (Kind, drei bis vier Jahre alt): Das Kind malt mit seinen Buntstiften ein Bild von sich selbst mit einer Katze und einem Pferd. Es macht einen großen Unterschied in dieser Situation, wie das Bild kommentiert wird. „Was hast du denn da gemalt? So sieht doch keine Katze und kein Pferd aus! Ich zeige dir jetzt mal, wie das aussehen muss!"

Was glauben Sie: Wird das Kind noch Lust haben, ein Bild zu malen? Es fühlt sich verunsichert in seinem Tun und nicht wertgeschätzt. Solche unbewussten Aussagen von Erwachsenen, sollten sie fast täglich sein, hinterlassen in der Kinderseele das Gefühl „Ich bin nicht gut genug", „Alles, was ich mache, ist falsch". Und im Laufe der Zeit wächst die Angst, überhaupt noch irgendwas zu machen oder auszuprobieren. Die gesunde Neugier und der Forscherdrang schrumpfen immer mehr. Später können diese Kinder kaum mithalten, wenn auch in der Schule neue Aufgaben und Herausforderungen auf sie zukommen. Die Angst blockiert, macht konfus, träge und manchmal auch krank. Wie sieht nun anhand dieses Beispiels eine Kommunikation aus, die wertschätzend ist, den Selbstwert, das Selbstvertrauen und das Selbstbewusstsein stärken? Probieren Sie es aus, ich bin sicher, dass sich Ihr Kind damit wohl fühlt und sich auch Ihr Herz damit leichter fühlt: „Ich sehe, du malst mit den Buntstiften ein Bild. Ich finde die Farben sehr schön. Möchtest du mir erzählen, was du malst?"

Gehen Sie ins Gespräch und schildern Sie Ihre Beobach-
tung in der ICH-Sprache. Sollten Sie keine Katze in dem
Bild erkennen und Sie möchten Ihrem Kind gerne zeigen,
wie sie aussehen könnte, so fragen Sie oder erzählen von
sich: „Ich habe früher auch gerne Katzen gemalt. Möch-
test du, dass ich es dir zeige?" Oder: „Ich erinnere mich
noch, wie schwer es mir früher gefallen ist, eine Katze zu
malen, und ich finde, du machst das schon ganz toll."

Seien Sie ehrlich, frei von Abwertung: Ich denke, Sie spü-
ren den Unterschied zwischen diesen beiden Interaktio-
nen, und auch, wie sich das Kind mit der Wertschätzung
fühlt. Ganz bestimmt ernst und wahrgenommen in seinem
Tun, und die Lust auf Neues bleibt.

Unsere Bindung in Gleichheit, Zugehörigkeit und Wertschätzung können wir immer wieder füllen und stärken.
Dafür ist es gut, wenn du meine Signale deuten und reflektieren kannst. Das ist eine Bindungsvertiefung, die
mich und euch durch unser Leben trägt. In dieser tiefen
Bindung zu euch ist es mir auch möglich, mich darauf
einzulassen, meiner Gefühlswelt eine andere Form und
einen andcren Ausdruck zu geben. Bisher konnte ich nur
einem Gefühl folgen. Ich fühlte entweder Freude oder
Wut – war traurig oder habe mich gefreut.
Nun kann ich Gefühle gleichzeitig spüren. Ich kann sehr
fasziniert sein von dem schönen kleinen Hund, der vor
mir steht, und möchte ihn gerne anfassen, spüren, wie
sein Fell sich anfühlt, erfahren, wie er auf die Berührung
reagiert. Doch ich fühle genauso die Angst vor dem Fell,
das vielleicht eklig ist, oder dem Zuschnappen des Hun-

des. Wie du dir sicher denken kannst, hilft mir deine herzliche und wertschätzende Kommunikation sehr bei diesem so wichtigen Entwicklungsschritt.

Was ich hier erfahren und verinnerlichen kann, prägt mein ganzes Leben. Die Fähigkeit, Gefühle aktiv miteinander zu mischen und mit dir zusammen Klarheit für die Realität zu finden, stärkt mich in meinem Selbstvertrauen.

Manuela sagt dazu:

Die Diplombiologin Dagmar Neubronner beschreibt in ihrem Buch „Der Neufeld-Ansatz für unsere Kinder" sehr gut, wie wir alle, ob groß oder klein, Bindung aufbauen über den sogenannten Bindungstanz. (Dieses Buch empfehle ich jeder Familie wie ein Kochbuch in jeder Küche, weil Sie darin „Zutaten" für Ihr Familienleben finden, die wie eine wundervolle und wert-volle Grundlage für die Stürme des Lebens sind.)

Der Bindungstanz folgt instinktiv einem inneren Programm mit einer bestimmten Reihenfolge. Um diesen „Tanz" in wechselseitiger Bereitschaft einzugehen, bedarf es folgender Abfolge:

1. Kontakt aufzunehmen (verbal oder non-verbal)
2. zu geben und zu empfangen
3. das Kind schenkt uns seine Liebe und möchte das Gleiche von uns empfangen, auffangen
4. zu tragen und sich tragen zu lassen

5. *das Kind trägt die Launen, Entscheidungen, Gewohnheiten mit und möchte sich auch gerne tragen lassen – nicht nur physisch auf dem Arm, sondern auch emotional getragen und angenommen, ernst genommen werden*
6. *zu führen und sich führen zu lassen*
7. *In den ersten Lebensjahren liegt es in der Natur, dass die Eltern sich von den Bedürfnissen des Kindes (Essen, Trinken, Schlafen, Kuscheln, Spielen) führen lassen – also durch den Tag und die Nacht leiten lassen.*
8. *Ebenso können die Erwachsenen sich in der Spiegelung führen lassen: Was sehen Sie im Spiegel Ihres Kindes?*

Je harmonischer, verständnisvoller, ehrlicher, und reflektierter dieser Bindungstanz erfolgt, desto tiefer ist die Bindung, desto freier fühlt sich das Kind mit der Akzeptanz und dem Respekt seinen Gefühlen gegenüber. Mit dieser Erfahrung wird es schon im Kindergarten auf seine Spielpartner zugehen mit dem Selbstvertrauen, sich in seinem Tempo der Bereitschaft zur Bindung auf sein Gegenüber einzulassen, frei von Druck oder Erwartungen der Erwachsenen.

Entscheidend wirkt sich die Entwicklung der emotionalen Integration von Gefühlen in diesen Situationen aus. Welche Erfahrungen hat das Kind mit seinen Gefühlen gemacht? Wurde es respektiert oder wurde es dafür bestraft? Gab es einen Anspruch an das Kind, ausgesprochen oder unbewusst, dass es doch glücklich sein muss?

In der Zeit, als ich im Kindergarten gearbeitet habe, ist mir oft aufgefallen, dass die Eltern bei der Übergabe des Kindes an die Erzieherin sagten: „Heute ist sie/er nicht so gut drauf." Damals fiel mir auf, welche Erwartungen unbewusst auf dem Kind liegen. Ich weiß noch, dass meine Antwort so in der Art war: „Wir Erwachsenen sind doch auch nicht jeden Tag gleich gut gelaunt." Hat das Kind kein Recht darauf, seinen Bedürfnissen Ausdruck zu geben?

Hinzu kommt, dass das Kleinkind keine „gemischten" Gefühle fühlt. Es fühlt in dem einen Moment vielleicht Wut, weil es nicht in den Kindergarten will und bei der Mutter bleiben möchte, und im nächsten Moment freut es sich, dass es seine Freunde sieht, mit denen es so gerne spielt.

Gerade in der Trotzphase (Gefühle) kann es sich überrollt fühlen von den unterschiedlichen Gefühlen, die quasi Schlange stehen, um einen adäquaten Platz im Leben des Kindes zu bekommen. In dieser Entwicklungsphase prägt die Bezugsperson die Gefühlswelt des Kindes in großem Umfang. Wem ist das schon bewusst? Wem von uns wurde gezeigt, dass es außerhalb des Spielzimmers der materiellen Gegenstände auch einen inneren Raum gibt, mit der gleichen Daseinsberechtigung? Es ist so wichtig, dass das angemessene Gefühl gelebt werden darf. Das zweijährige Kind fällt hin und lacht. Was, glauben Sie, hat das Kind bis dahin erfahren? Erst die Erlaubnis und eine Umarmung mit den Worten „Du darfst weinen, wenn du dir wehgetan hast!" lösen die Tränen aus, die den Schmerz mildern.

*Heute weiß man, dass die bitteren Tränen chemische Bo-
tenstoffe enthalten, die über die Nieren ausgeschieden
werden und für Entspannung sorgen. Wieder einmal ist die
Intuition gefragt, das Mitgefühl mit dem Kind – wie fühlt
es sich gerade? Welches Gefühl braucht seinen Ausdruck?*

*Gemischte Gefühle erleben Kinder im Vorschulalter. Sie
sind beispielsweise gleichzeitig wütend darauf, dass der
Spielpartner gerade früher auf der Rutsche war als sie
selbst, und bringen ebenso Freude zum Ausdruck, weil sie
miteinander Fangen spielen.*

*Erinnern Sie sich daran, dass Ihr Kind mit drei Jahren das
Mitgefühl in dem Moment, in dem es seinem Gegenüber
wehtut, nicht zur Verfügung hat, weil es nur wahrnimmt,
dass zum Beispiel der Ball weg ist, mit dem es doch spielen
wollte. Begleiten Sie es in seiner eigenen Wirklichkeit:
„Ich habe beobachtet, dass du mit dem Ball spielen willst.
Ich glaube, nun bist du traurig, dass er weg ist. Das kann
ich verstehen. Doch schau, dein Freund weint. Der Ball
hat ihn getroffen und das hat ihm wehgetan." So erlebt es
unterschiedliche „Räume" seiner Gefühle und deren Zuordnung. Es fühlt sich nicht abgewertet, weil es so „egoistisch" ist und nur den Verlust des Balls wahrnimmt.*

*Es fühlt sich nicht gut damit. Durch die Unterstützung in
der Kommunikation und das Aussprechen der Gefühle
lernt es im Laufe der Zeit die unterschiedlichen „Gefühls-
räume" in sich kennen und öffnet so die Türen zu seinen
unterschiedlichen Gefühlen, um sie zu integrieren.*

Oft beobachte ich, wie an Kinder in diesem Alter die Forderung gestellt wird, sich zu entschuldigen. Doch wofür? Für etwas, was sie in dem Moment nicht fühlen? Ist das nicht fatal? Vielleicht erkennen Sie in sich selbst Momente, die sich im Alltag hin und wieder ungerecht anfühlen – möglicherweise genau aus demselben Grund. Erkennen Sie Ihr inneres Kind darin und begegnen Sie ihm mit Mitgefühl ... Ihr reales Kind zeigt seine Dankbarkeit mit seiner reinen, bedingungslosen Liebe an Sie!

6.6 Bindung über Vertrautheit

Irgendwie ist ja jede meiner Entwicklungsphase wichtig und besonders. Das ist dir bestimmt auch schon aufgefallen. In meinem fünften Lebensjahr prägt sich, wie ich später Beziehungen leben werde, wenn ich erwachsen bin. Doch halt! So weit weg ist das gar nicht! Denn schon bald komme ich in die Schule. Ich habe keine Vorstellung davon, was das überhaupt ist. Nur eines ist mir sehr klar: Habe ich in meinen ersten fünf Lebensjahren eine gute Bindung zu euch aufbauen können, so wird mir die neue Herausforderung namens Schule mit Sicherheit leichter fallen.

Ob es das Lernen ist, die neue Umgebung, die Lehrer/innen, meine neuen Mitschüler oder das lange Stillsitzen – in meinem Herzen ist ein Ort, der hält für mich eine FamilienInsel bereit. Dort fühle ich mich wohl und geborgen in Selbstvertrauen und Selbstbewusstsein. Auch wenn ich Angst vor dem Neuen habe, das mich erwartet, kann ich in Gedanken auf die Insel in meinem Herzen gehen und die Liebe und Geborgenheit spüren, die ihr mir bis dahin mitgegeben habt. Oder ich stehe allein in der Pause auf dem Schulhof herum und weiß und fühle, dass ich dennoch nie allein bin. Ihr seid für mich da.

Schwups, nun sind wir ja tatsächlich schon im sechsten Lebensjahr angekommen. Das Vertrauen in mir euch gegenüber ist gewachsen. Ich traue mich, euch zu vertrauen, jeden neuen Tag. Im besten Fall trägt mich das als Selbstvertrauen durch mein Leben. Diese wichtige Bindungsart gibt mir Halt. Vertrauen zu spüren, egal, was ist. Ich kann mich euch mit allem, was ich bin, zumuten. Ich brauche keinen Mut dafür, ich kann und darf sein. Dabei ist mir wichtig, dass das Vertrauen auf beiden Seiten ist. Ich wünsche mir, dass du mir vertraust, wenn ich dir mein Herz ausschütte mit all meinen Gedanken, Fragen, Ängsten und Freuden, dass du mir glaubst, an mich glaubst, wenn ich dir etwas erzähle. Es ist schon möglich, dass du vielleicht in mancher Situation eine andere Meinung hast. Ich bitte dich, sprich mit mir darüber und respektiere meine Gefühle. Vergiss nicht, dass mein Erfahrungsschatz auf dieser Welt noch nicht so gut gefüllt ist wie deiner. Erkläre mir, dass es oft unterschiedliche Perspektiven einer Situation gibt. Ich möchte das unbedingt lernen. Immer öfter erfahre ich im Alltag, dass es ganz selten nur Entweder-oder-Lösungen gibt. Dank deiner Hilfe wird mir dann klar, dass es wichtig ist, mit dem Menschen, der vor mir steht, Mitgefühl zu haben.

Manuela dazu:

Viel zu oft sind wir geprägt von einem Schwarz-weiß-Denken, einem Entweder-oder, einem Wenn-dann. Sicher kommt Ihnen diese Haltung aus Ihrem eigenen Leben bekannt vor. Ich kann mir vorstellen, dass fast alle Kinder mit Glaubenssätzen groß werden, wie:

„Wenn du dein Abendbrot nicht aufisst, lese ich dir keine Gute-Nacht-Geschichte vor!"

„Entweder machst du jetzt deine Hausaufgaben oder du darfst heute Nachmittag nicht zu deinem/r Freund/in!"

Kennen Sie jemanden, der nicht mit diesen Sätzen aufgewachsen ist? Ich nicht. Umso schöner finde ich es, dass es eine Möglichkeit gibt, diese „Knebelverträge", wie ich sie gerne nenne, mit der wertschätzenden Kommunikation zu lösen. Wie fühlen Sie sich, wenn Ihr Gegenüber Ihnen einen „Knebelvertrag" anbietet? Beispiel können sein: „Entweder fährst du mit mir dieses Jahr ans Meer in den Urlaub oder wir bleiben ganz zu Hause!" In diesem Beispiel übernimmt einer die Macht. Die Kinder würden sagen: „Ich bin der Bestimmer."

Zunächst sieht es von außen betrachtet gar nicht so dramatisch aus, denn es scheint so, als hätte der andere die Wahl. Doch ist es wirklich so? Wie fühlen Sie sich mit diesen Aussagen? Bleiben wir bei dem Urlaubsbeispiel. Ich möchte Ihnen eine Alternative anbieten und Sie können hinein spüren, wie es Ihnen damit geht: „Mein Ge-

207

fühl ist, dass wir die letzten Jahre deinen Urlaubswün-
schen gefolgt sind. Ich habe so eine Sehnsucht nach dem
Meer und mir ist es ganz wichtig, dass ich dieses Jahr am
Meer Urlaub mache. Was meinst du, ist es für dich in
Ordnung, ans Meer zu fahren?" Selbstverständlich ist
dieses kleine Beispiel aus dem Kontext gerissen und ganz
sicher gibt es viele Möglichkeiten, wie dieses Thema aus-
agiert werden kann.

Meine Intention liegt darin, aufzuzeigen, dass es möglich
ist, seine eigenen Gefühle und Bedürfnisse auszusprechen
und gleichzeitig die des Gegenübers zu respektieren. Das
bedeutet: Raus aus dem Schwarz-weiß-Denken, um die
vielen bunten Farben, die dazwischen liegen, gemeinsam
zu entdecken, mit wertschätzender Kommunikation aus
der eigenen Wirklichkeit heraus. Sie werden auf dieser
Basis nicht nur ein gutes Vorbild für Ihre Kinder sein,
sondern „ernten" ein konfliktfreieres Miteinander mit
Ihrer Umgebung.

Eine weitere Methode, die Sie anwenden können, ist die
Entscheidungsfindung. Sie fördert ganz besonders das
Erlernen und Erleben der Eigenverantwortung und ihrer
Konsequenzen. Das Kind macht die Erfahrung, dass es
ein Mitbestimmungsrecht hat und ernst genommen wird
in seinen Bedürfnissen und Wünschen. Gerade in Alltags-
situationen konditioniert sich auf diese Art und Weise
Vertrauen in sich selbst und das Gegenüber. Die eigene
Wirklichkeit wird gestärkt und ernst genommen. Jeder
Mensch lebt in und ist geprägt von seiner eigenen Wirk-
lichkeit. Sie wirkt durch seine ganz individuelle Lebens-

geschichte in seinem Denken, Fühlen und Handeln. Aus diesem Grund finde ich es wichtig, sich immer wieder in Erinnerung zu rufen, dass wir Individuen sind – jeder ist einmalig. Keine Lebensgeschichte ist gleich, obwohl es manchmal den Anschein hat. Gerne möchten wir dazugehören und freuen uns, wenn wir einen Menschen treffen, der das Gleiche erlebt hat. Dieses Gefühl kenne ich auch gut. Doch bei genauem Hinschauen eröffnen sich neue Perspektiven.

Dieses facettenreiche Menschsein mit all seinen bunten Farben des Lebens ist spannend und schön. Wie schnell stecken wir Persönlichkeiten in eine Schublade. Ich übe mich auch immer wieder darin, nicht zu pauschalisieren. Ich finde es wichtig, schon Kindern die Möglichkeit zu bieten, mit einer anderen Haltung auf Gegebenheiten zu schauen, wie zum Beispiel, wenn Ihr Kind sagt: „Tina aus meiner Klasse trägt nur Markenklamotten. Die haben richtig viel Geld." Ihre Antwort könnte so lauten: „Ich finde, dass Markenklamotten nicht unbedingt mit viel Geld zu tun haben, weil ich schon gesehen habe, dass man sie günstig in einem „secondhand Laden" kaufen kann. Hat sie dir erzählt, dass sie viel Geld haben? Was bedeutet es für dich, viel Geld zu haben?"

In dieser Kommunikation geht es darum, Ihrem Kind die Realität aufzuzeigen. Ich nenne es einen „Realitätscheck" machen. Was ist Realität? In diesem Beispiel sagt das Tragen von Markenkleidung noch lange nichts über die Herkunft aus. Sie sehen schon, wie schnell Aussagen und Behauptungen getroffen sind, ohne zu wissen, was die Reali-

tät ist. Und schnell rutscht der eine oder andere in ein Ka-
russell von Neid und Konkurrenz. Lernen Kinder von uns
Erwachsenen in der Kommunikation, was die Realität ist,
bin ich sicher, dass sie es diesbezüglich im Leben leichter
haben. In dem Kapitel We:komm finden Sie unterstützend
dazu den Artikel „Worte sind Energie". In diesem Sinne
wünsche ich Ihnen gute Gedanken!

Unsere Vertrautheit trägt mich durch Konflikte, die wir
manchmal miteinander haben. Du liebst mich bedingungslos und nimmst mich ernst und deshalb traue ich
mich, meinem Gefühl angstfrei Ausdruck zu verleihen.
Es wäre sehr, sehr schlimm für mich, solltest du aus deiner Ohnmacht und Hilflosigkeit heraus tagelang nicht mit
mir sprechen! Durch den Liebesverlust käme mein Vertrauen gewaltig ins Wanken und meine Herzenstür würde
zuschlagen. Ich kann dann nicht verstehen, warum du das
tust, habe Angst und bin unsicher. Bestimmt wirst du einen Grund für dein Handeln haben. Vielleicht war es eine
Erziehungsmethode, die du selbst erfahren hast.
Deinem inneren Kind wurde bestimmt genauso wehgetan
wie mir jetzt auch. Mit Sicherheit wolltest du niemals so
sein! Und nun ist es doch geschehen und du fühlst dich
vielleicht sogar schuldig. Nein, bitte nicht, mach es nicht
so kompliziert. Wieder einmal wünsche ich mir von dir:
Sprich aus deinem Herzen mit mir! Öffne dein Herz für
mich, erzähle mir, was dir damals geschehen ist, wie weh
es tat und wie weh es dir heute tut, dass du es an mich
weitergegeben hast. Dass du es so auf keinen Fall machen wolltest. Und glaub mir, durch deine Ehrlichkeit
und Offenheit im Gefühl kann auch ich meine Herzenstür

wieder öffnen. So können wir beide langsam und vorsichtig das beschädigte und eingeknickte Vertrauen wieder wachsen lassen. Du wirst sehen, das stärkt uns beide darin, dass wir uns wieder trauen. Wir wachsen weiter aneinander und miteinander. Von Herzen danke für deinen Mut, das zu lesen, und dein Vertrauen, dass sie funktioniert, unsere gute und herzliche Verbindung!

7. Liebevoll Grenzen setzen

Glaub nicht, dass ich keine Grenzen von dir brauche. Ich meine damit, dass du mir alles erlaubst oder ich machen kann, was ich will. Vielleicht spürst du jetzt Unsicherheit und denkst: „Ja, wie soll ich mich denn jetzt verhalten?"

Das kann ich dir ehrlich gesagt auch nicht so genau sagen. Es gibt kein Rezept dafür. Die Entscheidung ist sehr individuell, situativ und intuitiv zu treffen. Sicher ist, dass ich dir mit meinem Verhalten etwas sagen will, und manchmal brauche ich durch dich Grenzen, um Struktur, Halt und Sicherheit zu spüren und zu erfahren.

Manuela sagt dazu:

Grenzen setzen – zwei Worte, die in der kindlichen Entwicklung und Erziehung einen großen Stellenwert haben. Doch was heißt das wirklich? Meiner Meinung nach ist das auf keinen Fall pauschal zu beantworten. Denn auch bei diesem Thema finde ich die Handhabung sehr individuell und wie ich finde situationsabhängig.

Dass Grenzen für Kinder wichtig sind, kann ich Ihnen anhand einer Metapher aufzeigen: Stellen Sie sich vor, Sie fahren mit Ihrem Auto auf einer fünfspurigen Autobahn. Es gibt keine Mittelstreifen und Sie müssen mit Gegenverkehr rechnen. Können Sie sich vorstellen, wie es Ihnen damit ginge? Bestimmt würden Sie Angst, Unsicherheit, Ohnmacht oder Hilflosigkeit spüren, um nur einige Gefühle zu nennen. Ich kann mir gut vorstellen, dass sich so ein Kind fühlt, das grenzenlos aufwächst. Grenzen, die eine klare Struktur innerhalb eines Rahmens erkennen lassen, helfen dem Kind, sich geborgen und sicher zu fühlen. Tägliche Rituale zum Beispiel, wie regelmäßige Essenszeiten, abends der gleiche Ablauf beim Zubettgehen oder Spielzeiten sind solche Strukturen.

Seit Jahren beobachte ich, dass diese banal erscheinende Verlässlichkeit in der modernen Zeit kaum Platz findet. Dabei sind die Mahlzeiten, bei denen man gemeinsam an einem Tisch sitzt, um Mittel zum Leben (Lebensmittel) zu sich zu nehmen, nicht zu unterschätzen. Mal ganz ehrlich – können Sie diese Gemeinsamkeit im heutigen Alltag noch verwirklichen? Viele Familien haben dieses Ritual aufgeweicht, weil die Zeitstrukturen der einzelnen Familienmitglieder so unterschiedlich sind.

Abgesehen davon, dass gemeinschaftliches Essen alle Bindungsarten (Nähe, Gleichheit, Zugehörigkeit, Wertschätzung, Liebe, Vertrauen) bedient, trägt die gleichzeitig stattfindende Kommunikation dazu bei, im Austausch zu bleiben, zwanglos zu erfahren, was jeder so erlebt hat, möglichst frei von den Standards „Wie war es in der Schule, im Kindergarten oder bei der Arbeit?"

An dieser Stelle finde ich es schwierig, Ihnen Beispiele zu nennen, weil die Familien so unterschiedlich in ihren Bedürfnissen und Wünschen sind. Ich kann Ihnen nur empfehlen, zu beobachten, was Ihnen und Ihrer Familie bei den Mahlzeiten guttut. Vielleicht hilft es, wenn Sie in der ICH-Sprache von Ihrem Erlebten berichten, und es regt die anderen Familienmitglieder an, von sich zu erzählen. Das Thema „Grenzen setzen" birgt mehr in sich, als es nach außen darstellt. Fällt es Ihnen leicht, Ihrem Kind einen Wunsch oder ein Bedürfnis zu begrenzen? Fühlen Sie die Klarheit des Neins in sich? Oder sind Sie unsicher und bei Ihrem Kind kommt ein „Jein" an?

Mit der inneren Auseinandersetzung und Reflexion Ihrer Haltung können Sie bewirken, dass Sie Ihrem Kind Klarheit schenken. Fragen Sie sich, was Sie davon abhält, klare Grenzen zu setzen. Was hat Ihr inneres Kind diesbezüglich erlebt? Waren es zu viele und ungerechte Grenzen, und nun wollen Sie es besser machen? Kommt daher die Unsicherheit oder Angst? Befinden Sie sich vielleicht in der Retter Rolle (siehe Kapitel Drama-Dreieck) für Ihr inneres Kind? Weiterhin hilft hier die ICH-Sprache: „Ich möchte, dass du jetzt deine Hausaufgaben machst! Ich verstehe, dass du jetzt keine Lust dazu hast, aber ich habe noch einen Termin und deshalb fehlt mir die Zeit, auf dich zu warten." Die Entscheidungsfindung unterstützt ebenfalls beim Grenzen setzen. Mit den vielen Facetten des Abgrenzens möchte ich Ihnen noch ein paar Fragen ans Herz legen, die besonders Frauen und Mütter betreffen:

- *Können Sie sich gut abgrenzen?*
- *Geben Sie sich im Alltag Zeit für Ihre Bedürfnisse?*
- *Gibt es Zeitfenster (und wenn es nur dreißig Minuten sind), in denen Sie mal durchatmen können?*
- *Wie gut geht Ihnen auch mal ein „Nein" über die Lippen?*
- *Können Sie manchmal „unperfekt" sein?*

Ich lade Sie in Gedanken ein auf einen Tee, Kaffee oder Espresso. Gönnen Sie sich die Zeit. Ich tue es auch und es hilft mir dabei, meinem Sein Bedeutung zu geben. Ich danke Ihnen dafür, dass Sie mit dabei sind. ☺

8. Die Familien (Ahnen), die hinter dir und uns stehen

Ich möchte dich immer wieder daran erinnern, dass auch in dir noch dieses freie Kind in bedingungsloser Liebe schlummert, so wie ich dir diese volle Herzensschale reiche, mit dem Wunsch, dass ich durch dich die Liebe frei von Erwartungen, Bedingungen, Projektion und Manipulation empfange. Wir beide kennen diese Herzensschale und sie macht auch Angst, sie zu füllen, sich dieser reinen Liebe hinzugeben. Was wird passieren, sollte die Liebe nicht rein sein, frei von den alten Erwartungen aus Generationen? Du bist vielleicht erstaunt und denkst, besteht tatsächlich die Möglichkeit, dass die Liebe durchzogen ist von unseren Eltern, Großeltern oder Urgroßeltern?

Doch stell dir vor, es ist so, dass ein Drittel unserer Persönlichkeit, also auch deiner und meiner, :-) aus der Vergangenheit geprägt ist, von unseren Ahnen. Wow, da schwirren ganz schön viele Lebensjahre mit gelebten und verdrängten Gefühlen in deinem und meinem Energiefeld herum. Vielleicht schüttelst du mit dem Kopf und glaubst nicht daran oder möchtest es nicht wahrhaben, dass es so ist. Das ist okay und vielleicht auch kein Wunder, da man diese verdrängten Gefühle der Ahnen ja nicht sehen kann, nur das, was sie im Materiellen geschaffen haben, wie Häuser und Grundstücke. Zum Leid vieler nachfolgender Generationen konnten sie ihre Freiheit in der Kindheit viel zu oft nicht ausleben. Sie wurden geprägt von den Wirren ihrer Zeit, wie Kriegen, in ganz unterschiedlichen

Systemen aus Familienstand, Politik, Pädagogik und der Auslegung durch Religionen und der vermeintlichen Liebe. Die reine Liebe ist in diesen vielen Jahren sozusagen auf der Strecke geblieben, die „Brauchliebe", wie ich sie gerne nenne, hat ihren Platz eingenommen.

„Der Rucksack nicht aufgearbeiteter Erlebnisse unserer Ahnen kann unbewusst unseren Alltag beschweren."

Ich liebe das Kind, weil ich es brauche, um die Familie oder den Familienbesitz zu erhalten. Ich brauche das Kind, damit ich eine Altersversorgung habe. Ich brauche das Kind, damit die anderen sehen, dass ich Mutter oder Vater bin, dass ich zeugungsfähig bin. Sonst passe ich nicht in das gesellschaftliche System. Doch leider sind dabei die freien Kinder in den meisten Fällen bedeutungslos geblieben, ungesehen aus den Herzen in den Kopf gerutscht, einfach, weil der Zeitgeist sie auf vielen Ebenen so geprägt hat. An dieser Stelle ist mir ganz wichtig zu sagen, dass es keine Schuldigen gibt in diesem Zusammenhang! Ich erzähle davon, damit du mich und auch deine Eltern und Ahnen verstehst.

Hast du dir jemals Gedanken darüber gemacht, wie schrecklich für viele deiner Ahnen ihre Kindheit war? Glaubst du wirklich, sie konnten sich frei entwickeln; dass ihr Wille wahrgenommen, ihre ICH-Sprache ernst genommen, ihre Wirklichkeit in Respekt betrachtet wurden? Kindern gegenüber entstand eine „Haltung", die autoritär und überstülpend war wie eine Zwangsjacke. Es ist nicht möglich, durch Angst und Zwänge in Liebe zu wachsen. Ohne dass es dir bewusst ist, wabern tatsächlich noch heute alte, gelebte Strukturen aus der Erziehung von damals durch deine Gedanken. Es hilft mir sehr in meiner Entwicklung, wenn du dich dem Thema deiner Ahnen öffnen kannst.

Weißt du, allein dadurch, dass du deine Vorfahren verstehen kannst, Mitgefühl mit ihnen hast, vielleicht auch Ahnenforschung betreibst, gibst du ihnen Bedeutung und ihrem freien inneren Kind einen Platz. Es kann absolut sein, dass auch deine Gefühle eine Zuordnung bekommen, die dir noch nicht bewusst war. Zum Beispiel die Wut darauf, dass deine Eltern so verschlossen waren, nicht herzlich genug, dass du ihre emotionale Zuwendung vermisst hast. Es tut gut, diese Wut zu spüren, Mitgefühl mit deinem inneren Kind zu haben und auch das Verhalten der Eltern und Ahnen besser zu verstehen. So darf und kann Heilung im Familiensystem geschehen. Ich glaube daran, dass wir mit dem Mitgefühl, dem Mitfühlen und Mitverstehen mit dem eigenen verletzten inneren Kind und den verletzten Kindern der Ahnen aus dem Kampf in die Liebe heraustreten und mit dem Frieden der reinen Liebe unsere Herzen erfüllen.

Ich möchte nicht mehr mitleiden – das Leid von dir oder meinen Großeltern mittragen. Bisher habe ich versucht, es für dich zu tragen, um Anerkennung und Zuwendung zu bekommen. Inzwischen spüre ich die Schwere der Last, die nichts mit mir zu tun hat. Und wahrscheinlich auch nicht mit dir. Ich finde, es ist an der Zeit, neue Wege für mehr Freude und Leichtigkeit zu ebnen. Gehst du den Weg mit mir? Hilfst du mir dabei, neue Wege zu öffnen, die uns auf die FamilienInsel führen? Unterstütze mich dabei zu sein, wer ich wirklich bin, mit all meinen Stärken und Schwächen, Tränen, Träumen, Visionen, mit meiner Wirklichkeit. Vielen Dank im Voraus!

Kannst du sehen, wie unser gemeinsames Miteinander- und Aneinanderwachsen sich Puzzlestück für Puzzlestück zusammensetzt? An manchen Tagen ist es kein Problem, ein neues Stück zu den vorherigen dazu zufügen. Harmonisch und gelassen fühlen wir uns beide und freuen uns, „dass es passt". An anderen Tagen passt gar nichts, der Tag ist zäh, ärgerlich und besser schnell vorbei. An diesen Tagen fühle ich mich ungeliebt, ja vielleicht sogar schuldig. Ich verstehe so vieles nicht, was gerade so läuft, wie du es gerne hättest. Ich bin verwirrt. Habe ich etwas falsch gemacht? Bin ich nicht genug? Sollte ich am besten gar nicht sein?

Doch ich bleibe allein und unsicher mit all den Fragen. In deiner Hektik, dem Ärger und was sonst noch alles an diesem Tag schräg läuft, bemerkst du mich in meiner Unsicherheit nicht. Hm, am nächsten Tag ist wieder alles in bester Ordnung. Und das verwirrt mich noch mehr! Was ist in der Zwischenzeit geschehen? Was habe ich getan oder nicht getan, sodass es wieder gut ist? Ich habe keine Ahnung. Ich bin einfach nur froh, dass zuhause wieder gute Stimmung herrscht. Die Fragen allerdings, die gefühlte Unsicherheit bleiben wie ein Besen in einer Abstellkammer zunächst „abgestellt", bis zum nächsten Mal, wenn ich mich wieder frage, ob ich schuld bin an der schlechten Stimmung. Ganz bestimmt erinnerst du dich daran, dass du diese Situation, die Unsicherheit, die Schuldgefühle auch aus deiner Kindheit kennst. Und ganz bestimmt wolltest du nicht, dass ich das auch so erfahre, das weiß ich doch genau! :-)

Es gibt eine Lösung: wie so oft ist es wieder einmal die Kommunikation. Mir hilft die Information, dass dein Ärger, oder was immer es auch an diesem Tag ist, nichts mit mir zu tun hat. Dass ich keine Schuld habe und dass du mich lieb hast. Das ist doch gar nicht so schwer, oder? Wenn du mal vergessen solltest, es mir zu sagen, ist das nicht schlimm. Erzähle es mir gerne auch ein paar Tage später. Für mich ist das alles besser als das Schweigen und die Unsicherheit! Ansonsten kommt im Laufe meiner Kindheit ein Besen nach dem anderen in die Abstell-kammer, die dann irgendwann auch voll sein wird. Und das wirkt sich auf unsere Bindung nicht so verbindend aus. Hör immer wieder auf dein Herz, was es dir sagt, wenn du mit mir sprichst. Diese Sprache verstehe ich am besten. Sie erfüllt mich und verbindet uns. :-)

Habt ihr jemals überlegt, dass es mir nicht gut gehen kann, wenn ich spüre, dass es euch nicht gut geht, aus welchen Gründen auch immer? Es kann an Geldproble-men liegen, daran, dass ihr euch miteinander nicht wohl fühlt oder Ärger an eurem Arbeitsplatz habt. Was auch immer es ist, ich spüre es und werde alles versuchen, dich fröhlich zu stimmen, mir Aufmerksamkeit zu holen, nur um herauszufinden, ob es meine Schuld ist, dass es dir nicht gut geht. Ich bin unsicher, beobachte deine Mimik, ganz besonders im vierten Lebensjahr, und will einfach nur, dass es wieder „gut" ist.

Du kannst mir dabei helfen, nicht die Retter-Rolle für dich/euch zu übernehmen, indem du mit mir sprichst. Es sind keine langen Erklärungen nötig. Was für mich und meine Entwicklung wichtig ist, um wieder in meinen Frieden zu kommen, ist einmal mehr das Wort, der Klang, die Stimme aus deinem Herzen: „Ich glaube, du spürst, dass es mir nicht gut geht. Ja, das stimmt. Ich ärgere mich gerade. Ich weiß, ich finde eine Lösung und es geht mir bald wieder besser. Doch ganz wichtig ist, es hat überhaupt nichts mit dir zu tun! Ich liebe dich!" Weißt du, dass du mein Selbstvertrauen mit dieser Ehrlichkeit immens stärkst? Dadurch lerne ich, dass ich meinen Gefühlen trauen kann. Sie sind nicht falsch oder unangemessen, sie sind nur für mich nicht einzuordnen, wenn nicht darüber gesprochen wird. Das macht mich unsicher und ich lerne dabei, dass „unangenehme Gefühle" es nicht wert sind, sie auszusprechen. Wenn ich dann erwachsen bin, mache ich es wahrscheinlich genauso.

Ich habe vielleicht sogar Angst davor, meinem Gegenüber meine Gefühle mitzuteilen, weil ich nicht weiß, welche Reaktion dann kommt. Ich kann mir gut vorstellen, dass auch dir niemand zeigen konnte, wie das geht. Doch ich würde es gerne mit dir/euch anders machen. :-) Bist du bereit dafür? Ich bin sicher, es tut nicht weh. Schmerzlich ist nur das unausgesprochene Gefühl.

Ich freue mich so und bin so dankbar, dass du diese Zeilen liest. Keine Ahnung, was es in dir bewegt, doch ich bin mir sicher, dass du über meine Worte nachdenkst und sie in deinem Herzen einen Samen hinterlassen. Solltest du Widerstände beim Lesen spüren, wow, dann freue ich mich besonders, denn dann bist du im Gefühl. Da meldet sich dein verletztes Kind in dir, obwohl du doch der festen Überzeugung bist, dass du eine super Kindheit hattest. Ja, stimmt, bestimmt wurde deine Kindheit von guten Absichten deiner Eltern begleitet. Sie wollten das

Beste für dich. Das wollen übrigens alle Eltern, auch wenn es Familien gibt, in denen es nicht den Eindruck erweckt, dass sie ihren Kindern Gutes wollen. Die Erinnerung an die eigene Kindheit gestaltet sich in jedem von uns subjektiv. Ob aus der Perspektive der Eltern, Geschwister oder Großeltern.

Es zählt das Erleben mit allen Sinnen in der jeweiligen Situation, das Entwicklungsalter und die erlebten Erziehungsmethoden der Eltern/Großeltern/Urgroßeltern. Ebenso prägen geschichtliche und kulturelle Einflüsse die Kindheit, wie Krieg, Flucht, Hunger oder sonstige Traumata unserer Vorfahren. So kann eine vermeintlich gute Kindheit durch unausgesprochene traumatische Erlebnisse getrübt sein, die wie ein Rucksack von Generation zu Generation weitergegeben werden, ohne dass es jemandem bewusst ist.

Ihr Erziehungsziel ist ganz klar: Sie wollen, dass es Ihren Kindern besser geht! Doch Sie können nicht ahnen, dass Sie ein schweres, unsichtbares Paket weiterreichen. Der Glaube daran, dass Sie das „Beste" für Ihre Kinder wollen, trügt die Wirklichkeit und das „Beste" in Ihnen selbst bleibt verschüttet. Denn das wollen auch die Kinder für ihre Eltern: Sie wollen nur das eine: dass es den Eltern gut geht, sie im Herzen und in Liebe fühlen, in Verbindung mit dem Frieden sein.

Kinder lernen am Modell

Ich möchte dir auf keinen Fall wehtun, mit dem, was ich dir sage! Doch die Überschrift für mein Lernen und wie ich mir die Welt erkläre, lautet dass ich das lerne, was du mir zeigst. Du bist – ihr seid mein Modell. Das zieht sich durch alle Lebensbereiche, angefangen bei den Worten, die du sprichst, über das Essen, das du isst, wann du es isst und wie du es isst, die Interessen und Hobbys in deiner Freizeit, die Musik, die du hörst, die Kleidung, die du trägst, die Bücher, die du liest, die Filme, die du schaust, die Blumen, die du magst, den Sport, den du ausübst, die Autos, die du liebst, bis hin zur Frage, wie du mit Arbeit und Geld umgehst und ob du Gefühle zeigen kannst und ob ich sehe, wie du sie lebst. Durch dich und mit dir kann ich lernen, sie ebenfalls angemessen zu leben.

Sei jetzt bitte nicht schockiert. So lernen Generationen voneinander, wie das „Leben" funktioniert, oder eben nicht. Wir lernen alle voneinander und miteinander, auch in unserer Kultur oder Politik.

Ich kann in den ersten Lebensjahren nur das lernen, was ihr mir zeigt. Ein Beispiel: Ich habe Angst vor einer Spinne und ihr wollt mich mit den Worten trösten: „Du brauchst keine Angst vor einer Spinne zu haben. Sie tut dir nichts." Das vertreibt nicht meine Angst, weil ihr es mir mit den Worten anders vorgelebt habt: „Iihh, eine Spinne!" Vielleicht wurde sie dann auch getötet, was mir zeigt, dass dieses Tier gefährlich sein muss.

Das Gegenteil sehe ich, wenn du mir die Schönheit einer Hummel zeigst, wie sie in einer Blüte sitzt. Ich spüre deinen Respekt und die Ehrfurcht gegenüber der Natur und die Wunder, die daraus erwachsen. So lerne auch ich die Natur schätzen und werde behutsam mit ihr umgehen. Was glaubt ihr, was spüre ich, wenn mir unterschiedliche Bezugspersonen (Mama/Papa/Großeltern) unter-schiedliche Lebensweisen, Ge- und Verbote vorleben? Ich brauche und suche nach der Struktur, die mir Halt, Geborgenheit und Sicherheit gibt. Dazu gehört auch, dass ich mich orientieren kann und dadurch später Orientierung habe, wenn ich erwachsen bin.

Das heißt nicht, dass unsere Lebensweise dieselbe sein soll oder muss wie die Lebensart meiner Großeltern oder Verwandten. Euch fällt wahrscheinlich gar nicht mehr auf, dass es so große Unterschiede gibt. Mich jedoch irritiert es und ich werde unsicher. Wo darf und kann ich was? Wieder einmal geht es um Kommunikation. Erklärt mir einfach, dass ich zum Beispiel bei euch die Treppe mit zwei Jahren allein laufen darf, weil euer Vertrauen in mich täglich wächst, dass ich das kann.

Und wenn ich dann wütend werde, weil Oma mich unbedingt an die Hand nehmen will, wenn sie mit mir die Treppe läuft, erklärt mir, dass Oma vielleicht Angst hat, dass ich hinunterfalle. Sie sieht mich im Allgemeinen nicht täglich. Und gerade, weil sie mich nicht so oft sieht, darf ich bei ihr mal ein Gummibärchen mehr essen als bei euch. Es gibt mir Klarheit zu wissen, dass es im Verhalten der Erwachsenen Unterschiede gibt und dass es auch gut so ist.

Manuela sagt dazu:

Vielleicht kennen Sie das: „Die Fehler, die meine Eltern bei mir gemacht haben, werde ich auf keinen Fall meinem Kind zumuten!" Schon fast wie ein Mantra beten viele Eltern diese Glaubenssätze vor sich hin. Und viele wundern sich, dass das Gegenteil geschieht. Warum das so ist, möchte ich Ihnen an folgender Situation erklären: Sie spüren das verletzte Kind in Ihnen, das in der Vergangenheit bestraft wurde, wenn es sein Zimmer nicht aufgeräumt hat. Vielleicht folgte ein Fernsehverbot oder Sie mussten allein im Zimmer bleiben. Diese Szenen wollen Sie Ihrem Kind auf keinen Fall zumuten und sehen die aktuelle Unordnung etwas gelassener.

Dann kommen die Großeltern zu Besuch, sehen das Chaos im Kinderzimmer und machen eine abwertende Bemerkung: „Wie sieht es denn hier aus!", begleitet von einem abfälligen Unterton. Die Freude bei Ihrem Kind, dass die Großeltern da sind, kippt eventuell und das Kind ist verwirrt. Genauso spürt es, dass seine Eltern bei den verbalen Triggern ihrer Eltern innerlich zusammenzucken, weil sich Ihr verletztes inneres Kind von damals zur Stelle meldet. Eventuell antworten Sie wütend oder trotzig und schon ist die Harmonie gestört. Das ist Familienalltag, wie ihn fast jeder von uns kennt.

Mit We:komm gibt es eine Möglichkeit, das Drama-Dreieck, welches in dieser Situation entstanden ist, nicht wie in einem Staffellauf von Generation zu Generation 3

Die Disharmonie, die durch so eine banale Situation ent-
standen ist, durchzieht das Beisammensein, macht müde,
trübt die Freude und Leichtigkeit, ja auch die Dankbar-
keit und Wertschätzung füreinander. Sie alle springen im
wahrsten Sinne des Wortes „im Dreieck". Doch um was
springen Sie in Wahrheit herum? Um was geht es Ihnen
und Ihren Eltern wirklich? Ist es die Anerkennung, die
Ihnen fehlt, die damals gefehlt hat, oder die Liebe, Wert-
schätzung? Das Thema, welches nicht ausgesprochen
wird, sondern worum lieber herum gehüpft wird, ist sehr
individuell. In diesem kraftraubenden Spiel gibt es nur
Verlierer – keiner gewinnt. Die Lösung liegt darin, seine
Rolle zu erkennen und sie nicht mehr einzusetzen. In die-
sem Beispiel könnten Sie aus Ihrer eigenen Wirklichkeit
heraus sagen: „Ich verstehe, dass das in euren Augen ein
Chaos ist. Das ist okay. Wir sehen es lockerer."
Der „Ausstieg" aus dem Spiel gelingt, sobald Sie Ihr ver-
letztes inneres Kind anerkennen und wie Ihr reales Kind
in den Arm nehmen und schützen. Sie sind nun erwachsen
und können handeln. Das war damals nicht möglich,
oder nur in einem bestimmten Rahmen, indem Sie wü-
tend, trotzig, angepasst waren. In der aktuellen Realität
sind Sie nicht mehr abhängig oder ein Opfer. Eric Berne
spricht von vier Grundhaltungen, die wir als Kind schon
in Bezug auf unser Gegenüber einnehmen:

1. *Ich bin okay – du bist okay*
2. *Ich bin okay – du bist nicht okay*
3. *Ich bin nicht okay – du bist okay*
4. *Ich bin nicht okay – du bist nicht okay*

Sobald in der Kommunikation die Okay-Ebene auf beiden Seiten verlassen wird, entsteht ein Drama-Dreieck, ein Kampf um unausgesprochene Konflikte, Bedürfnisse, Verletzungen, Gefühle. Somit können Sie auch im Alltag ganz schnell überprüfen, ob Sie noch in der Okay-Haltung sind. Falls nicht, empfehle ich Ihnen die Innenschau auf Ihr inneres Kind. Was haben Sie in Bezug auf die Situation übersehen?

Um bei diesem Beispiel zu bleiben, verstehen Sie sich selbst und dass Sie damals vielleicht wütend auf Ihre Eltern waren, und nehmen Sie die aktuelle Realität wahr, dass Sie heute Ihre eigenen Entscheidungen für Ihr Leben treffen dürfen und können, frei von Rechtfertigungen. Werden Sie sich bewusst darüber, dass jede Zeit ihre eigenen Werte und Dogmen in den Familien und in der Gesellschaft hat und auch, dass Veränderung Leben heißt. Jeder von uns darf und kann seine ganz individuellen Erfahrungen machen. Ich finde, dass es wichtig ist, auch die Verantwortung für das eigene Handeln zu übernehmen und nicht über ein Drama-Dreieck die Verantwortung anderen zuzuschieben.
Ich bin sicher, dass Ihnen nun so einige Drama-Dreiecke im Alltag begegnen. Seien Sie nicht so streng mit sich, sehen Sie es locker und lassen Sie sich darauf ein, aus dem Spiel auszusteigen. Erkennen Sie Ihre Lieblingsrolle, steigen Sie aus und spüren Sie, wie erleichtert Sie dann sind! Erklären Sie Ihrem Kind auch, dass die Großeltern in einer anderen Zeit aufgewachsen sind. Zeigen Sie ihm Bilder aus der Vergangenheit. So sieht Ihr Kind ganz konkret, dass zum Beispiel die Mode anders war, die Au-

tos und Häuser sich über die Jahre verändert haben. Erzählen Sie Ihren Kindern, was Sie mit Ihren Eltern, Großeltern, Verwandten erlebt haben. Vielleicht haben Sie auch den Impuls, den Kindern zu zeigen, wo Sie früher zur Schule gegangen sind, oder in den Kindergarten. Lassen Sie Ihr Kind an Ihrem vergangenen Leben teilhaben. Das fördert die Bindung. Denken Sie an die sechs Bindungsarten nach Neufeld. Es schafft Zugehörigkeit, Wertschätzung, Liebe und Vertrauen. Probieren Sie es einfach mal aus.

Noch etwas sehr Wichtiges möchte ich Ihnen nicht vorenthalten. Als ich selbst sozusagen „am eigenen Leib" erfuhr, was Drama-Dreiecke sind, mit den dazugehörigen Gefühlen, wie emotionalem Schmerz, Wut, Trauer und auch Angst, wurde mir klar, dass das Spiel des Drama-Dreiecks Hunger nach Bindung ausdrückt. Schon als Kleinkind erproben wir unterschiedliche Rollen (Opfer, Retter, Verfolger) auf der Suche nach einer Verbindung, die uns Aufmerksamkeit und Anerkennung, Liebe, Geborgenheit, Sicherheit gibt. Schnell lernt das Kind, dass es zum Beispiel im Mittelpunkt steht, wenn es immer ein „Sonnenschein" ist. Wen oder was will es in der Familie mit der aufgesetzten Fröhlichkeit retten? Oder das Kind holt sich Beachtung, indem es Dinge tut, die ihm verboten wurden. Oft fühlen sich die Erwachsenen dann ignoriert oder manipuliert. Wer verfolgt da wen? Eltern – Kind oder Kind – Eltern?

Tatsache ist, das Kind bekommt seine Aufmerksamkeit und schafft so eine Verbindung zu den Eltern. Ich bin si-

cher, dass das so niemand will. Meine Empfehlung ist, probieren Sie es mal aus, fühlen Sie in sich hinein. Was möchte Ihnen Ihr Kind mit diesem oder einem anderen Verhalten mitteilen? Für welches Bedürfnis hat es keine Worte, die es gerne zum Ausdruck bringen möchte? Oder zeigt es Ihnen einen verletzten Anteil Ihres inneren Kindes?

Die Antwort liegt in Ihnen. Seien Sie mutig und fühlen Sie, was Ihr Herz Ihnen sagt. Auch wenn Sie nicht den Zugang zu sich selbst bekommen, nehmen Sie es wahr und Ihr inneres Kind an, welches die Herzenergie verschlossen hat. Mit ihm zusammen können Sie sich auf den Weg zu sich selbst machen. Damit verlassen Sie das Drama-Dreieck im Außen und Ihre Rolle darin. Gehen Sie neue Wege der Freiheit und Selbstbestimmung als gutes Vorbild für Ihr Kind, um ihm diese Spiele zu ersparen. Der Gewinn daraus ist nachhaltig und bringt Frieden in die Familie. Ich habe eine weitere Empfehlung für Sie:

„Wir unterschätzen alle die Energie, die wir nicht sehen!" Das ist eine Aussage, die ich in den letzten Jahren oft an meine Klienten weitergegeben habe. Ich finde es phänomenal, dass wir alle Internet und Co. benutzen, von dem einen zum anderen Erdteil kommunizieren, in dem Wissen, dass es keine sichtbaren Kabel dafür gibt. Daran glaubt doch jeder. Sobald über eine unsichtbare Energie gesprochen wird, die noch dazu nicht wissenschaftlich bewiesen ist, wehren sich viele Menschen gegen diese Möglichkeit.

Doch nun noch einmal zurück zum Drama-Dreieck. Auch das ist gebundene Energie, die sich „schräg" anfühlt, wie ich sie gerne beschreibe. Ich bin sicher, dass Sie es auch schon erlebt haben, in einen Raum einzutreten, in dem sich Menschen unterhalten, und kaum sind Sie drin, fühlen Sie sich unwohl und finden keinen Auslöser dafür. Ich bin mir ziemlich sicher, dass Sie das Drama-Dreieck spüren, welches vorher schon entstanden ist. So können Sie es sich auch bei Kindern vorstellen. Sie spüren eine Energie, die sie nicht zuordnen können.

Ich selbst habe manchmal das Gefühl, wenn eine Gruppe Menschen sich trifft, dass die Drama-Dreiecke nur so durch die Luft fliegen. Vor einiger Zeit kam mir eine Metapher in den Sinn. Stellen Sie sich die Drama-Dreiecke, die Sie oder andere in der Kommunikation eröffnen, als Materie vor – zum Beispiel wie bunte Geodreiecke, und Ihr Kind steht mittendrin. Ich bin mir sicher, dass niemand von uns bewusst auf die Idee käme, unsere Kinder mit Dreiecken zu bewerfen – niemals! Doch ich glaube, dass wir ihnen das unbewusst zumuten. Und nur weil wir die ausgesprochenen Worte und deren Energie nicht sehen können, heißt das noch lange nicht, dass wir damit nicht verletzen. Natürlich ist das mit einem erwachsenen Gesprächspartner genauso, doch dieser hat die Möglichkeit, sich abzugrenzen, zu wehren und zu handeln. Ein Kleinkind hat oft nicht das „Verständnis" für die Situation, es versteht nicht, was gerade geschieht, sondern spürt nur, dass sie disharmonisch ist. Es fühlt sich unwohl, orientierungslos und wahrscheinlich, je nach „Drama", hilflos und ohnmächtig.

Auch ich habe unbewusst jahrzehntelang diese Drama-Dreiecke gelebt und auch heute falle ich hin und wieder hinein, doch mit einem großen Unterschied: Heute ist mir sehr schnell bewusst, welche Rolle ich eingenommen habe, und ich kann sie dann auch wieder verlassen, indem ich mein verletztes Kind erkenne und mich dem Thema zuwende, welches mich dazu brachte, in diesem Spiel mitzuspielen.

Auch im Außen, in der Politik, in Institutionen, auf Arbeitsplätzen ist das oft der Fall. Schon in der Politik beobachte ich, dass es viel zu oft kein Miteinander gibt, sondern dass verfolgt wird, Schuldige gesucht werden, Opferrollen angenommen werden. Nur die Retterrollen, die sich in ihrem Gutmenschsein sonnen, es doch nur gut meinen und Verantwortung übernehmen, wo es nicht nötig ist, werden von der Gesellschaft noch auf einen Sockel gestellt, ohne zu hinterfragen, welchen Mangel der Retter wohl bei sich selbst ausgleicht. Auf der Strecke bleibt das Opfer, welches sich schlecht fühlt, nicht ahnend, dass sie alle in einem Drama-Dreieck stecken und letztendlich Verlierer sind. Im Alltag beobachte ich, wie schnell diese „schräge" Energie sich breitmacht. In Bruchteilen von Sekunden sitzen die Beteiligten in einer anstrengenden Kommunikation, nicht greifbar, was gerade geschehen ist. Das Wissen um dieses Konzept und seine Entstehung sowie auch die Lösung setzen Energie frei, die unsichtbar ist, doch Sie werden es fühlen, da bin ich sicher!

Manchmal fällt sogar eine große unsichtbare Last ab, die schon viele Jahre als Drama-Dreieck gelebt wurde. Und das Schöne am Auflösen ist, dass die anderen Beteiligten auch „erlöst" sind. Wie sie dann damit umgehen, das entscheiden sie selbst – sie suchen sich zum Beispiel einen neuen Mitspieler oder nehmen die Chance wahr, den Weg zu sich selbst zu gehen. Die Freiheit der Entscheidung haben wir alle. Doch sie beinhaltet auch, wie das Wort schon sagt, dass sich zuerst von etwas geschieden werden muss.

Das heißt: Was darf gehen, damit die Freiheit der Selbstbestimmung fühlbar ist? Vielleicht geht es darum, sich von Abhängigkeiten zu trennen, wie dem Wunsch nach Anerkennung oder der Angst vor Einsamkeit, um einige zu nennen. Die Welt ist voll von unerlösten Drama-Dreiecken. Ich habe noch ein ganz klassisches Beispiel, welches wie ein Staffellauf von Generation zu Generation weitergegeben wird: Die Schwiegermutter gegen die Schwiegertochter. Sicher werden Sie nun schmunzeln. Das ist ein ganz altes Drama, welches über die Bewusstheit der We:komm gelöst werden kann.

Schwiegermutter verfolgt Schwiegertochter, und auch umgekehrt. Der Sohn ist meist der Retter. Welche Lieblingsrolle haben Sie eingenommen? Um welches Thema wird da gesprungen? Vielleicht Verlustangst, Anerkennung, Hilflosigkeit? Indem Sie Ihre Rolle erkennen und was das Ziel dieser Rolle ist, haben Sie schon den ersten Schritt aus diesem Spiel heraus gemacht. Erkennen Sie Ihren Anteil im Spiegel Ihres Gegenübers. Fragen Sie sich zum Beispiel als Schwiegermutter, was Sie an Ihrer Schwiegertochter stört. Fühlen Sie sich nicht wahrgenommen in Ihren Bemühungen? Vielleicht nicht wertgeschätzt? Ich bin sicher, dass Sie diesen Mangel aus Ihrer Kindheit kennen. Ihre Schwiegertochter spiegelt Ihnen nur Ihr verletztes inneres Kind, welches nicht wertgeschätzt wurde. Den emotionalen Schmerz, den Sie empfinden, kennen Sie bereits aus Ihrer Vergangenheit. Und im Grunde steht imaginär Ihr inneres Kind vor Ihnen und möchte wertgeschätzt werden, in allem, was es tut, in bedingungsloser Liebe. Ich wünsche Ihnen viel Spaß dabei, sich selbst zu entdecken. Ich kann Sie nur dazu ermutigen, denn es funktioniert! Ich schreibe das nicht nur alles auf Papier, ich lebe und liebe es – und deshalb möchte ich es mit Ihnen teilen.

9. Fragenkatalog

Liebste Mama, liebster Papa!

Heute lade ich dich dazu ein, mit mir auf dem Sofa zu kuscheln, weil ich euch gerne ein paar Fragen stellen möchte. Du wirst dich sicher fragen, wozu das gut sein soll. Ich glaube, ihr Erwachsenen nennt es Brainstorming. Ich meine schon die Fragezeichen bei euch zu sehen ... und was hat das für einen Sinn?

Zum einen schenkst du mir Zeit, nimmst mich ernst, hörst hin, welche Fragen ich stelle, und ganz nebenbei stärkt sich unsere Bindung. Mit den Antworten auf meine Fragen schaffst du neue Klarheit und Wahrheit in unserer Herzensverbindung. Ist das nicht schön?

Bist du bereit? Dann geht's jetzt los. Hast du es dir bequem gemacht und fühlst du, dass ich neben dir sitze? Da fällt mir noch etwas ein: Es kann sein, dass plötzlich auch dein inneres Kind bei uns Platz nimmt. Nur dass du schon mal weißt, das ist für mich völlig okay! Nun geht's aber wirklich los.

Und? Seid ihr bereit, mich zu unterstützen, damit ich sein kann, wer ich bin?

Meine Absichten, sowie Fragen und deine Antworten:
(Wenn Sie möchten, nehmen Sie sich gerne ein Blatt Papier zur Hand und notieren sich Ihre Antworten)

1. Ich freue mich, bei euch zu sein, und zeige euch wieder, wie Freude „funktioniert".
Hast du sie verloren oder verlernt? Kannst du dich vielleicht erinnern, wann und wie das passiert ist?

2. Ich zeige/lehre euch die Sprache des Herzens, seid ihr bereit dafür? Oder habt ihr Angst, sie zu leben? Was könnte passieren? Woher stammt die Angst? Wie fühlt es sich an?

3. Woher stammt der Eindruck oder was hat dich gelehrt, dass mir Geld wichtig ist und ein Zimmer voller Spielsachen, die meistens nur herumstehen?

4. Wieso ärgern sich viele Erwachsene darüber, dass Kinder laut sind? Sind sie vielleicht gleich als Erwachsene auf die Welt gekommen – oder waren sie sogar schon als Kind nur leise, lautlos und lieb? Wie siehst du das? Wie hast du das in deiner Kindheit erlebt?

5. Wie kann es sein, dass es Plätze auf der Welt gibt, wo Kinder unerwünscht sind? Kannst du mir das erklären? Kennst du das aus deiner Kindheit? Was zeigen wir Kinder in unserem Sein, was andere nicht ertragen wollen oder können?

6. Ich gebe euch meine ganze Liebe und bin dankbar, dass ich eure Liebe empfangen darf, für euren Respekt und auch die Geduld mit mir. Ist das nicht voll Wunder, dass wir ALLE als Kinder zur Welt gekommen sind? Schade, dass wir dabei so „vergesslich" werden, sonst wäre es doch sehr, sehr einfach, als Erwachsener die Kinder zu verstehen. Wie empfindest du das? Was hast du vergessen, woran ich dich erinnere?

7. Ich will erst meine Erfahrungen damit machen, dass Veränderungen wie Urlaub, Umzüge, eine neue Umgebung und andere Menschen für mich keine Bedrohung sind und ich mich von euch ge- und beschützt fühlen darf. Kannst du das verstehen? Welche Erfahrungen hast du als Kind gemacht? Wie wurde mit deinem Bedürfnis nach Sicherheit und Geborgenheit umgegangen? Wie sind deine Bezugspersonen darauf eingegangen oder auch nicht?

8. Wie fühlst du dich, wenn du zum ersten Mal in eine große Stadt kommst und Menschen triffst, die du nicht kennst? Fühlst du dich sofort in Sicherheit und auch geborgen? Was brauchst du, um dich sicher und geborgen zu fühlen?

9. Ihr macht euch manchmal zum Opfer, indem ihr euch von mir provoziert, manipuliert, angegriffen oder ignoriert fühlt. Doch glaubt ihr wirklich, dass ich aus meiner reinen Liebe heraus das zu tun imstande bin? Ich bin euer Spiegel und zeige euch euer Selbst. Wurdest du als Kind verletzt und kennst daher diese Gefühle?

10.Bist du wirklich sicher, liebe Mama, dass du mich allein großziehen willst, mit allen Höhen und Tiefen? Dass du mir meinen Vater und die dazugehörige Verwandtschaft, ein Teil meiner Wurzeln, vorenthalten willst? Erkläre es mir bitte, das hilft mir sehr, es zu verstehen. Weißt du auch, was ich will?

11.Seid ihr sicher, dass ihr ein ganzes Leben lang und darüber hinaus mit mir eine Bindung eingehen wollt? Ich bin kein Auto oder Haus, das mit dem Alter seinen Wert verliert und austauschbar ist. Ich gewinne an meinem Sein und Dasein im System der Familie einen hohen oder niedrigen „Stellenwert". Die Liebe ist das Einzige, das wächst, indem du sie an mich verschwendest! Wie wurde dir dein „Stellenwert" gezeigt? Welchen Wert hast du für dich aus der Bindung zu deinen Bezugspersonen mitgenommen?

Ich danke euch aus tiefstem Herzen für eure Offenheit die Fragen zu beantworten und genauso groß ist mein Dank, solltet ihr die Fragen nicht beantwortet haben. Ich liebe euch frei von Bedingungen! So einfach ist das!

In Liebe euer Kind

Literaturverzeichnis
Quellenverzeichnis & Anmerkungen

1   Lelia Kühne de Haan; Ja, aber... - die heimliche Kraft all-
    täglicher Worte und wie man durch bewusstes Sprechen
    selbstbewusster wird, Nymphenburger Verlag

2   Thomas A. Harris; Ich bin ok, Du bist ok – Eine Einfüh-
    rung in die Transaktionsanalyse, Rororo Verlag

3   Amy Bjork, Thomas A. Harris; Einmal ok, Immer ok –
    Transaktionsanalyse für den Alltag, Rororo Verlag

4   Eric Berne; Spiele der Erwachsenen – Psychologie der
    menschlichen Beziehungen, Rororo Verlag

5   Stefanie Stahl; Das Kind in dir muss Heimat finden,
    kailash Verlag

6   Gordon Neufeld, Dagmar Neubronner; Der Neufeld-An-
    satz für unsere Kinder, Genius Verlag

7   Gordon Neufeld; Unsere Kinder brauchen uns – Die ent-
    scheidende Bedeutung der Kind-Eltern-Bindung, Genius
    Verlag

8   Susanne Hühn; Die Heilung des inneren Kindes – Das
    Kartenset, Schirner Verlag

9   Susanne Hühn; Ich lasse DEINES bei Dir: Co-Abhängig-
    keit erkennen und lösen. Selbstbestimmung zurückge-
    winnen, Schirner Verlag

10 Susanne Hühn; Die Heilung des inneren Kindes,
    Schirner Verlag

11 Udo Baer, Gabriele Frick-Baer; Wie Kinder fühlen, Beltz-Verlag

12 Peter Bartning, Auf dem Weg mit dem inneren Kind: Leben im Einklang mit sich selbst, Kreuz Verlag

13 Stefan Limmer; Versöhnung mit den Ahnen: Mit der 7-Generationen-Aufstellung zu ungeahnter Kraft – Mit Übungs-CD, Arkana Verlag

14 Sabine Bode; Kriegsenkel – Die Erben der vergessenen Generation, Klett-Cotta Verlag

15 Udo Baer; Kriegserbe in der Seele, Beltz Verlag

16 Dr. Richard Schneebauer; Männerabend, Goldegg Verlag
17 Dr. Richard Schneebauer; Männerherz, Goldegg Verlag

Spielfilme

18 The Kid mit Bruce Willis (Komödie)

19 Vergiss mich nicht (Komödie)

20 Alles steht Kopf (Pixar Animationsfilm)

21 Mängelexemplar (Drama/Komödie)

Autoren Vita

Manuela Gellner
geb. Klinger

Manuela Klinger, Jahrgang 1955, hat sich schon als junge Erwachsene dafür eingesetzt Konflikte mit einer offenen und ehrlichen Kommunikation zu lösen. Sowohl im Berufs- als auch im Privatleben hatte sie ein Gespür dafür wie tiefgreifend Kommunikation im Familiensystem wirkt und sich in das soziale Umfeld weiterträgt.

Während ihrer Umschulung zur Erzieherin mit Mitte 40 machte sie zusätzlich eine langjährige Ausbildung als systemische Praktikerin in Kommunikation und Psychologie. Damit erfüllte sich ihr Berufswunsch zur systemischen Beraterin, um Menschen in ihrer persönlichen Entwicklung zu begleiten.

Über 15 Jahre lebte sie ihre Berufung in ihrem Institut für Wertschätzende Kommunikation (Wekomm) in der Nähe von Limburg (a. d. Lahn). Dort gab sie Seminare und bildete nach dem von ihr entwickelten Lehrmodell (Wekomm) aus. 2019 vervollständigte sich das Institut mit der „FamilienInsel", einem einzigartigen Beratungs- und Erziehungskonzept. Dort fanden Eltern Antworten auf ihre Erziehungsfragen und ihre Kleinsten entdeckten, erfuhren und erlebten Wekomm in der Kindertagespflege.

Die Idee zum Schreiben eines Buches gab ihr Sohn bei einem gemeinsamen Urlaub auf ihrer Lieblingsinsel La Palma. Noch in derselben Nacht fing sie an zu schreiben und das hat sie bis zu ihrem Tod im Frühjahr 2023 fortgesetzt. Ihre Begeisterung für die Wertschätzende Kommunikation war immer zu spüren und dieses Buch lässt sie wieder lebendig werden. Manuela war es wichtig diese Möglichkeiten des Miteinander aneinander Wachsens eine noch größere Reichweite zu bieten und sie in die Familien zu tragen. Daher hat sie, eine kleine, ihr vertraute Gruppe von nahestehenden Menschen gebeten, dieses wertvolle Buch zu veröffentlichen.

„Mein Dank gilt allen, die an der Fertigstellung mitgearbeitet haben!"

Ralf Gellner